VALORES

12 Lecciones

PARA AYUDAR A LOS JÓVENES A DESARROLLAR VIRTUDES DEL CARÁCTER

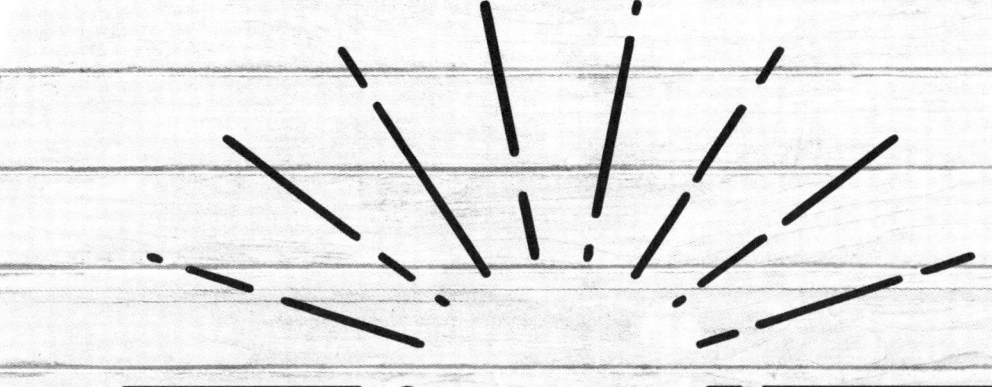

VALORES

12

Lecciones

PARA AYUDAR A LOS JÓVENES A DESARROLLAR VIRTUDES DEL CARÁCTER

Félix y Sara Ortiz

VALORES, 12 LECCIONES PARA AYUDAR A LOS JÓVENES A DESARROLLAR VIRTUDES DEL CARÁCTER

e625 - 2019

Dallas, Texas

e625 ©2019 por Félix y Sara Ortiz

Todas las citas Bíblicas son de la Nueva Biblia Viva (NBV) a menos que se indique lo contrario.

Editado por: **María Gallardo**

Diseño interior y portada: **JuanShimabukuroDesign**

ISBN: 978-1-946707-18-5

IMPRESO EN ESTADOS UNIDOS

Este libro está dedicado a Andreu, nuestro primer nieto, con el deseo y oración que estos valores formen parte de su ADN.

Sara

Este libro está dedicado a Josep Cabedo. Gracias, amigo, por tantos años de amistad y lealtad. Te aprecio y doy gracias al Señor por las experiencias que en el pasado hemos vivido juntos y las que aún nos quedan por vivir.

Félix

CONTENIDO

¿QUÉ VAS A ENCONTRAR EN ESTE LIBRO?

Antes de comenzar, quisiéramos dedicar unas páginas a explicarte qué vas a encontrar en este libro. Verás que hay dos secciones más generales, y luego les siguen 12 lecciones referidas a doce valores específicos:

¿QUÉ SON LOS VALORES?

En esta primera sección nuestro objetivo es analizar en detalle qué es un valor y qué diferencia hay entre un valor, una virtud y un principio. Hablaremos también de por qué son tan importantes los valores, de las diferentes clases de valores que existen, y de cuál debería ser la fuente de nuestros valores.

¿CÓMO TRABAJAR LOS VALORES EN UN AULA O GRUPO DE JÓVENES?

Pretendemos que este libro sea versátil y pueda ser usado tanto en un aula de clase como en un grupo de jóvenes o adolescentes de una iglesia local. En la sección que lleva este título te daremos sugerencias acerca de cómo puedes trabajar los diferentes valores en esos entornos, adaptándolos a las necesidades particulares de cada grupo.

12 LECCIONES SOBRE VALORES

Encontrarás que a lo largo de doce lecciones trabajaremos doce valores diferentes. ¿De dónde ha salido la lista de los valores a incluir? Bueno, pues hicimos una encuesta a través de las redes sociales, y seguidores de Jesús de todo el mundo estuvieron opinando sobre cuáles eran los valores que consideraban más importantes en la vida de un cristiano. ¡Hubo multitud de respuestas! En ocasiones las personas hablaban del mismo valor con diferentes palabras, usando un vocabulario distinto. Sin embargo, hubo una notable unanimidad a la hora de señalar aquellos valores que las personas consideraban más importantes, y por eso están reflejados aquí.

A continuación te presentamos la lista de los valores que trataremos a lo largo de estas doce lecciones. Somos plenamente conscientes de que es una cuestión de opiniones. Tal vez tú mismo, lector, habrías incluido algunos valores que consideras que son esenciales y no aparecen reflejados en las páginas de este libro. Te pedimos disculpas, y deseamos que esto no te impida disfrutar y sacarle provecho a los que sí están desarrollados aquí. ¡Tal vez tú mismo puedas luego ampliar esta lista, siguiendo el modelo de nuestras lecciones para crear otras nuevas para tu grupo!

Los doce valores que trataremos son:

1. JUSTICIA

La justicia consiste en que nuestras relaciones estén caracterizadas por un trato equitativo hacia todos en general, y por una preocupación especial hacia los derechos y necesidades de los más vulnerables.

2. LEALTAD

Lealtad es fidelidad; es una relación con algo o alguien a quien no se le dará la espalda aunque las cosas no vayan bien o las circunstancias sean duras y difíciles.

3. GRATITUD

Gratitud es el sentimiento que experimenta una persona cuando reconoce y valora un favor que alguien le ha concedido o algo bueno que ha recibido.

4. CONTENTAMIENTO

El contentamiento es un sentido de satisfacción con nuestra vida que proviene de la ausencia de preocupación por quiénes somos, qué tenemos o dejamos de tener, o cuál es nuestra condición.

5. PERDÓN

El perdón es el acto unilateral de dejar ir los sentimientos de amargura, resentimiento, rencor, o el deseo de venganza hacia una persona o grupo que nos ha hecho daño.

6. COMPASIÓN

La compasión es un sentimiento de pena y ternura por los males de alguien, que nos mueve a la misericordia, es decir a tomar acciones para eliminar o aliviar esa situación.

7. GENEROSIDAD

La generosidad es el acto intencional de compartir dinero, tiempo, dones, talentos y cualquier otro tipo de recursos, más allá de lo necesario o esperado, y sin tener la expectativa de recibir algo a cambio.

8. GRACIA

La gracia consiste en darle a una persona algo bueno, ya sea amor, aceptación, un favor, o un don, que esa persona no merece.

9. TOLERANCIA

Tolerancia es la capacidad para respetar las ideas, valores, convicciones, creencias y estilos de vida de otras personas, siempre que no atenten contra la dignidad del ser humano o la ley de Dios.

10. SERVICIO

El servicio es la acción intencional de ayudar a otros para que sus necesidades puedan ser satisfechas.

11. HUMILDAD

La humildad es la capacidad de poder reconocer las propias debilidades sin frustrarse, y las propias fortalezas sin enorgullecerse, sin la necesidad de competir con otros ni de ser validado por ellos.

12. INTEGRIDAD

La integridad son los valores internos que dan como resultado la honestidad, es decir, nuestras conductas externas caracterizadas por la honradez y la honorabilidad.

ESQUEMA DE TRABAJO PARA CADA UNO DE LOS VALORES

Las 12 lecciones sobre los distintos valores han sido desarrolladas siguiendo siempre el mismo esquema, el cual te explicamos a continuación:

★ DEFINICIÓN

Esto es siempre lo primero que haremos: definir el valor a trabajar. Queremos saber de qué estamos hablando exactamente cuando hablamos de honestidad, compasión, justicia, etc. Creemos que es fundamental definir las cosas desde el inicio, porque la misma palabra puede tener diferentes significados en las mentes de las distintas personas. No debemos olvidar que el lenguaje crea la realidad. Al comenzar definiendo el valor a trabajar, estamos generando un lenguaje común entre todos los participantes de la clase o grupo de jóvenes.

★ ETIMOLOGÍA

La etimología es la ciencia de la lingüística que estudia el origen y la evolución de las palabras: cómo entraron en nuestro idioma, cómo han sido usadas a lo largo del tiempo, y qué significan ahora. ¡Creemos que es realmente importante conocer el origen de las palabras! ¿Por qué? Porque en muchas ocasiones, cuando descubrimos su origen en hebreo, griego o latín, nos damos cuenta de que tienen un significado que se ha perdido con el tiempo, ya sea en parte o totalmente. Al conocer esto podremos entender mejor el valor y, por lo tanto, enseñarlo y anclarlo con más fuerza en las vidas de los jóvenes.

★ CONDUCTAS

Podemos afirmar que un determinado valor es importante para nosotros, pero esas serán meras palabras a menos que ese valor se manifieste en nuestra vida cotidiana por medio de unas conductas acordes al valor que decimos sostener. Pongamos un ejemplo y hablemos de justicia, uno de los doce valores que trataremos en este libro. ¿Cómo sabemos que una persona es justa? ¿Cómo podemos identificar la justicia en la vida de un muchacho o una muchacha, de un adulto, o de un adolescente? ¿Preguntándoles si son justos? Probablemente si hiciéramos esto, la mayoría de los interpelados responderían que sí, ¡que por supuesto que son justos! Ahora bien, si les preguntáramos qué conductas concretas, específicas, y prácticas, demuestran que la justicia es un valor en sus vidas... bueno, eso ya sería más difícil de responder para muchas personas.

Por eso, en cada capítulo encontrarás un listado de conductas que ilustran o muestran cómo poner en práctica el valor del que estamos hablando, y te daremos también la oportunidad de autoevaluarte en este aspecto. ¡Creemos que la autoevaluación es muy útil! En primer lugar, porque permite que analicemos nuestra propia vida en aspectos a los que quizás antes no les habíamos prestado demasiada atención. Y en segundo lugar, porque nos permite tomar decisiones para poner en práctica los valores y que no queden exclusivamente en bonitas declaraciones.

Aunque tú también puedes utilizar estas evaluaciones para intentar «medir» o «diagnosticar» en qué estado se encuentra tu grupo con respecto a un determinado valor, creemos que la autoevaluación ofrece posibilidades más ricas, por cuanto es la reflexión sobre su propia vida la que suele mover a una persona a tomar decisiones de cambio. Por eso, en la web de e625 podrás encontrar una copia de las autoevaluaciones en formato imprimible, para que puedas proveerle una a cada joven en tu grupo y así puedan completarlas de manera individual. (Puedes buscarlas en **www.e625.com/lecciones**).

★ UN EJEMPLO BÍBLICO

Como cristianos, la fuente de nuestros valores ha de ser la Palabra de Dios. Iremos, entonces, a la Biblia para encontrar personas que ilustren el valor que estamos tratando. Muchas veces será Jesús, otras serán distintos hombres o mujeres que hayan sido un buen ejemplo de cómo luce este valor llevado a la práctica. Al observarlos podremos entender mucho mejor en qué consiste, qué es, qué significa y cómo se vive ese valor.

En algunos valores con más intensidad que en otros, de alguna manera siempre haremos referencia a Jesús. Esto tiene sentido, ya que Jesús es el hombre nuevo, el nuevo Adán, el prototipo, el primero, el modelo de una nueva creación. No podemos obviar la realidad de que Jesucristo es la persona a la cual todos debemos imitar, y de que un día, finalmente, seremos semejantes a Él. Por nombrar solo algunos pasajes, Romanos 8.28-29, Gálatas 4.19, Efesios 4.11-13, Colosenses 1.28-29 y 1 Juan 3.1-3, son todos claras referencias que nos hablan de la relevancia de Jesús como modelo de nuestros valores.

★ PREGUNTAS PARA PENSAR

La neurociencia nos ha enseñado que el cerebro es perezoso por naturaleza. Y es que esa pequeña parte de nuestro cuerpo consume, en sus procesos, cantidades enormes de energía. No es de extrañar, por tanto, que después de un esfuerzo intelectual intenso nos sintamos muy cansados físicamente. Por todo ello, el cerebro se ha especializado en ahorrar toda la energía que le sea posible. Como consecuencia, no se esforzará al máximo en tratar de incorporar nueva información cuando se le presente.

Sin embargo, los neurocientíficos también han observado algo muy interesante: el cerebro no puede evitar activarse frente a una buena pregunta. Es como cuando le arrojas una pelota a un perro. ¡No puede evitar ir tras ella! Del mismo modo, la forma en que está diseñado nuestro cerebro hace que se active cuando detecta buenas preguntas en frente suyo.

Por eso, junto a cada valor encontrarás una serie de preguntas para pensar. Están destinadas a favorecer el diálogo y la interacción entre los muchachos y muchachas con los que estés trabajando.

Las preguntas que hemos escrito son, vale aclararlo, totalmente orientativas. Tienes toda la libertad del mundo para usarlas, o no. Si las encuentras útiles, total o parcialmente, ¡pues adelante! En caso contrario, no tengas ningún reparo en generar las tuyas propias o en hacer un «mix» con las tuyas y las nuestras.

★ UN EJEMPLO CONTEMPORÁNEO

Es cierto que, a veces, algunos de los modelos bíblicos pueden parecer muy lejanos. Por eso, cada valor aparecerá ilustrado o ejemplificado con alguna persona (o algunas personas) más o menos contemporáneas, más cercanas a tus jóvenes, que han sabido vivir ese valor y son un referente en ese sentido. Conocer a estas personas puede ayudarnos a entender mucho mejor el valor que estamos trabajando.

La mayoría de estos ejemplos corresponderán a personas cristianas, pero no siempre será así. Lo hemos pensado mucho y hemos decidido que, al margen de su fe, todas eran personas que ilustraban muy bien ese valor. ¡Siempre hay personas en el mundo de las que podemos aprender!

★ APLICACIÓN PRÁCTICA

La finalidad de todo este material es que tus jóvenes puedan aprender acerca de los valores y del rol fundamental que estos juegan en las vidas de las personas. Pero, más que nada, anhelamos que puedan traducir todo lo aprendido en aplicaciones prácticas. Dicho de otro modo, es nuestro deseo que los muchachos y muchachas de tu grupo, los destinatarios últimos de este libro, puedan incorporar algunos o todos los valores trabajados a su vida personal.

Somos conscientes de que se trata de un proceso, de algo que no va a suceder de un día para otro. Para muchos de ellos este será su primer acercamiento al tema de los valores y de cómo funcionan en nuestras vidas. Pero aun así creemos que es importante presentarles el desafío de incorporar los valores, de practicarlos, y de hacerlos reales en su vida cotidiana.

Para ello, con cada valor viene una doble propuesta de aplicación. Uno es un proyecto personal, y el otro es un proyecto comunitario, grupal o colectivo. En la mayoría de las lecciones te haremos sugerencias en relación con el proyecto personal. Sin embargo, a menudo dejaremos que pienses por ti mismo el proyecto grupal. ¿Por qué? Porque cada grupo es único y singular. Cada colectivo tiene su propia realidad, y nadie mejor que tú, como líder, para conocer esa realidad y encontrar la manera de generar un proyecto grupal que sea acorde con las circunstancias y la realidad de tu gente. ¡Es un reto que hemos decidido dejar en tus manos!

★ RECURSOS ADICIONALES

Para complementar cada capítulo hemos seleccionado algunos recursos que pueden serte de ayuda a la hora de trabajar ese valor con tu grupo o clase. Pueden ser historias, trozos de películas, vídeos, o cosas similares, pensadas para reforzar la enseñanza del valor y su comprensión. Para tu mayor comodidad, los recursos que hemos elegido estarán disponibles para ti directamente en la web de e625. (Puedes buscarlos en **www.e625.com/lecciones**). Allí podrás encontrar tanto los links hacia los recursos, como una breve descripción de cada uno para que puedas decidir si te interesa o no. Una vez más, muévete con toda la libertad del mundo para aprovechar los que encuentres útiles, y el resto, ¡simplemente olvídalos!

Si elijes usarlos, hazlo cuando te resulte más conveniente. También es muy probable que tú mismo puedas encontrar otros recursos similares, o incluso mejores que los que te proponemos. ¡Usa tu creatividad!

¿QUÉ SON LOS VALORES?

Podría decirse que la palabra «valor» tiene una doble etimología. Por un lado, proviene del latín *valere*, que significa, literalmente, «ser fuerte». Por otro lado, cuando en el siglo XX se comenzó a llevar a cabo un estudio más formal sobre el tema de los valores, apareció el término «axiología» para referirse a la disciplina que se ocupa de los mismos. «Axiología» proviene del griego *axia*, que significa «valor», y *logos*, que significa estudio.

Para aclarar el panorama cabe destacar también que, en ocasiones, se confunden o se usan de forma indistinta (sin serlo) términos como «valores», «virtudes», y «principios».

Los **principios** han sido definidos como factores universales orientados a la conducta. La Biblia está llena de principios, es decir, de estas leyes universales que rigen el comportamiento humano y nos afectan, tanto si las creemos o entendemos, como si no.

Veamos algunos ejemplos de principios:

> *«Todo lo que el hombre sembrare, eso también segará».*

> *«Es más bienaventurado dar que recibir».*

> *«No nos cansemos de hacer el bien, porque a su tiempo segaremos si no desmayamos».*

> *«El que siembra escasamente, cosechará escasamente».*

> *«Uno es el que siembra y otro el que siega».*

Tanto si eres un seguidor de Jesús como si no lo eres, tanto si los conoces como si nunca los has escuchado en tu vida, la realidad es que estos principios te afectan a ti y a todo el resto de los seres humanos de manera inexorable.

Y aquí hay una primera diferencia. Los principios son universales (por ejemplo, la dignidad de todo ser humano, o la libertad de todo ser humano a actuar según su conciencia), mientras que los valores están siempre restringidos a un grupo o a una cultura (si bien es cierto que muchos de ellos, por la influencia del cristianismo, se han extendido por todo el mundo y se encuentran hoy presentes en diversas culturas).

Por otra parte, una **virtud** sería la encarnación habitual y constante de un valor. Dicho de otra forma, un valor se convierte en virtud cuando se practica de forma permanente. Cuando un valor no es practicado, es simplemente una palabra, un concepto abstracto, una idea. Sólo cuando se hace carne y sangre, cuando verdaderamente se encarna en nuestras vidas, es que podemos hablar de una virtud. Una virtud es algo práctico, visible, comprobable, y evaluable.

Pero entonces, ¿de qué hablamos cuando hablamos de valores? Podríamos definir los **valores** como las reglas maestras que rigen nuestro comportamiento. Son, por decirlo de algún modo, nuestros «no negociables», aquellas cosas que no estamos dispuestos a ceder, renunciar o dejar de lado.

El diccionario de la lengua de la Real Academia Española define «valor» de la siguiente manera:

> *«Cualidad que poseen algunas realidades, consideradas bienes, por lo cual son estimables».*

Aunque, personalmente, nos agrada más la definición que hace el diccionario de Oxford:

> *«Los valores son principios o normas de conducta; juicios de valor acerca de aquello que consideramos importante en la vida».*

En su famoso libro *Dare to Lead* (atrévete a liderar), la escritora sobre temas de liderazgo Brené Brown, quien se identifica a sí misma como cristiana, lo define de la siguiente manera:

> *«Un valor es una forma de ser o creer que consideramos de la mayor importancia».*

Por su parte, Ken Blanchard, uno de los gurús del mundo de la administración y el liderazgo, quien además es un cristiano comprometido, afirma que:

> *«Los valores son las creencias que uno considera más importantes en su vida».*

Según este autor, hay una época en tu vida en la que otras personas –padres, educadores, iglesia– los definen por ti, pero luego llega una edad en la que tú mismo eres quien determina a qué valores te adhieres, y a cuáles no.

Milton Rockeach, docente en la Universidad de Minnesota, define este concepto de la siguiente manera:

«Valor es la creencia perdurable de que una forma concreta de conducta o estado final de la existencia personal o social es preferible al modo opuesto o converso de conducta o estado final de la existencia».

Dicho de otro modo, los valores son aquellas cualidades o características de una acción, una persona, o un objeto, que se consideran típicamente positivas o de gran importancia por un grupo social.

Según el Business Dictionary, los valores son:

«Creencias e ideales permanentes acerca de lo que es bueno y malo, correcto e incorrecto, deseable e indeseable y que son compartidos por los miembros de una misma cultura».

Observa la última frase de esa definición. Una vez más, vemos que los valores sólo tienen sentido para los miembros de un determinado grupo o cultura que los reconoce como tales y adhiere a ellos. Lo que una cultura reconoce, proclama y vive como un valor puede resultar totalmente carente de estima o importancia para otra.

Los valores, continúa diciendo esta obra, tienen una gran influencia en la conducta y las actitudes de las personas, y sirven como «líneas maestras» orientativas en un amplio espectro de situaciones. Dicho de manera más simple, cuando tienes que tomar decisiones importantes, tus valores entran en funcionamiento, tengas conciencia de ello o no.

Esto último es algo que vale la pena remarcar. Los valores juegan el papel de «brújula moral interior» que nos ayuda a determinar qué respuesta ética o moral es la más adecuada en una determinada situación. Nos ayuda a decidir entre aquello que es bueno para nosotros, y lo que es mejor.

Precisamente respecto a este punto, Harry M. Jansen, profesor de administración y estrategia en la *Kellogg School of Management* de la *Northwestern University*, escribe lo siguiente:

«Como les digo a mis alumnos, convertirse en el mejor tipo de líder no consiste en emular un modelo o una figura histórica. Por el contrario, el liderazgo debe basarse en lo que eres y en aquello que es realmente importante para ti. Cuando realmente te conoces a ti mismo y lo que representas, es mucho más fácil saber qué hacer en cada situación. Siempre se reduce a hacer lo correcto y hacer lo mejor que es posible.

Debes tener la capacidad de identificar y reflexionar sobre lo que representas, cuáles son tus valores, y lo que es más importante para ti. Para ser un líder basado en valores, debes estar dispuesto a mirar dentro de ti mismo, reflexionando de forma regular, y luchar por una mayor conciencia de ti mismo. Después de todo, si no eres autoreflexivo, ¿cómo puedes verdaderamente conocerte a ti mismo? Si no te conoces a ti mismo, ¿cómo podrás liderarte? Si no estás en condiciones de liderarte a ti mismo, ¿cómo liderarás a otros?».

Simon Dolan comenzó a estudiar el tema de los valores cuando estaba llevando a cabo su doctorado en psicología del trabajo en la Clínica Mayo en Minnesota, allá por el año 1976. Su trabajo versaba en tratar de demostrar que, en la inmensa mayoría de las personas menores de 50 años que sufrían un infarto, las causas estaban directamente vinculadas con el trabajo y más específicamente con el estrés. Sin embargo, el descubrimiento que mayor impacto tuvo para Dolan fue la conclusión a la que llegó en su estudio: *«El estrés es el resultado de la incongruencia en tu sistema de valores».* Dicho de otro modo, cuando traicionas o no eres fiel a tus valores, esto te genera estrés, y cuanto más estrés generes como consecuencia de la inconsistencia entre tus valores y tu conducta, más riesgo tienes de padecer enfermedades coronarias, las que pueden desembocar en un infarto.

Como ves, las conclusiones de Simon Dolan ponen de manifiesto, una vez más, cuán importante es el tema de los valores, y cuán importante es poner en práctica los valores a los que uno adhiere.

Ahora bien, veamos algunas de las posibles clasificaciones de valores, para comprender mejor de qué estamos hablando...

Los **valores humanos** son valores que afectan a la conducta de los individuos.

Hay **valores universales**, que afectan a todo ser humano por igual, y **valores relativos**, que se encuadran en un lugar, momento, o cultura específica.

Los **valores morales** pueden ser considerados éticos y sociales, ya que constituyen un conjunto de reglas establecidas para lograr una convivencia saludable dentro de una sociedad. Se conoce como valores morales al conjunto de normas y costumbres que son transmitidas por la sociedad al individuo, y que representan la forma buena o correcta de actuar. En este sentido, los valores morales nos permiten diferenciar entre lo bueno y lo malo, lo correcto y lo incorrecto, lo justo y lo injusto.

Los valores éticos demuestran la personalidad del individuo, dando una imagen positiva o negativa del mismo. Como consecuencia de su conducta, se puede apreciar sus convicciones, sentimientos e intereses.

A continuación te presentamos un cuadro en el que se explican tres «niveles» distintos de valores:

VALORES	EXPLICACIÓN
Sociales	Son los valores mayoritarios, reconocidos y compartidos como tales por los miembros de una determinada sociedad. Siempre habrá individuos y colectivos dentro de la sociedad que estarán en desacuerdo total o parcialmente con estos valores, pero la amplia mayoría de los miembros de la sociedad los comparten.
Grupales	Son los valores reconocidos y compartidos por un conjunto de personas dentro de una determinada sociedad. En ocasiones, estos valores pueden estar tan solo parcialmente alineados con los valores imperantes en la sociedad, y a veces, esta falta de alineamiento puede llevarles a un enfrentamiento. Por ejemplo, los seguidores de Jesús compartimos algunos valores con la sociedad en la que nos desenvolvemos, pero sin embargo hay otros en los cuales diferimos abiertamente por ser estos valores contrarios a las enseñanzas bíblicas.
Personales	Son aquellos valores que cada individuo, incluso dentro de los grupos mencionados anteriormente, sostiene como propios, y que vienen dados por su propia historia singular.

Todo esto se combina de manera particular en cada individuo, de manera tal que:

TUS VALORES SOCIALES
+ TUS VALORES GRUPALES (COMO SEGUIDOR DE JESÚS)
+ TUS VALORES PERSONALES

=

TUS VALORES ÚNICOS Y SINGULARES

El entorno cultural en el que nos desenvolvemos influye mucho sobre esto, y, como ya hemos mencionado, es probable que mientras somos pequeños sean otras personas, y no nosotros, quienes elijan nuestros valores. Al ir creciendo eso cambia, y las decisiones en este, así como en otros aspectos de la vida, pasan a ser nuestras. Algunos autores consideran que conforme nos vamos volviendo mayores nuestros valores se van convirtiendo en más estables, se van cristalizando y se vuelven más permanentes. No obstante, dado el carácter dinámico de la vida, siempre podemos revisar los valores ya establecidos e incorporar otros nuevos.

En la vida cotidiana, cuanto más estrés tengamos que soportar, más se pondrá en evidencia cuáles son nuestros auténticos valores. Los valores podrían ser comparados con el sistema operativo de una computadora, ya que influyen de una manera decisiva en nuestra toma de decisiones. Tal es así que cada vez son más tenidos en cuenta en el mundo corporativo, y hay empresas y organizaciones que, para una colaboración con ellos, exigen una compatibilidad de valores.

Aquí hay un punto más a tener en cuenta. Tanto las organizaciones (incluidas las iglesias) como las personas tenemos, a menudo, dos clases de valores: los publicados o enunciados, y los reales (que son los que verdaderamente mueven a la corporación o a la persona). Podemos afirmar y defender que determinados valores son importantes para nosotros, pero, sin embargo, es posible que nuestra conducta desmienta lo que proclamamos con la boca. Esto es así porque nuestra conducta está dictada por nuestros valores reales, y en ocasiones estos pueden estar en total contradicción con aquellos que presumimos tener.

Como ya hemos visto, el identificar tus valores es clave para poder ser fiel a ti mismo y, probablemente, también para poder ser feliz. Pero no alcanza con tan solo identificarlos, sino que hay todo un proceso que debes transitar para que finalmente esos valores se expresen en tu vida por medio de conductas. A continuación analizaremos ese proceso, el cual puede resumirse en los siguientes pasos:

➙ IDENTIFICA TUS VALORES

➙ JERARQUIZA TUS VALORES

➙ DEFINE TUS VALORES

➙ INTERIORIZA TUS VALORES

➙ EXPRESA TUS VALORES

IDENTIFICA TUS VALORES

No podemos vivir aquellos valores que no tenemos identificados. En el libro *Dare to Lead* (que ya mencionamos antes), Brené Brown indica que las personas tan solo tenemos un conjunto de valores. Sus investigaciones muestran que los mismos no cambian según el contexto o las circunstancias en las que nos encontremos. Las personas estamos llamadas a vivir alineadas con aquello que consideramos que es lo más importante, y la situación o el contexto no pueden modificar esto.

En el proceso de identificar tus valores puede ser importante tener la opinión de otras personas que te conozcan bien. ¡Hazles la pregunta! Explícales brevemente qué son los valores y pregúntales cuáles, según su opinión, pueden verse presentes en tu vida. Cuando hagas esto, asegúrate de que la persona que elijas vaya a ser honesta contigo. ¡Busca personas que te digan lo que debes oír, y no lo que deseas oír!

JERARQUIZA TUS VALORES

La literatura en el ámbito de los valores apunta casi siempre hacia la necesidad de reducir nuestros valores a tan sólo unos pocos. Ciertamente, ese número limitado varía de unos autores a otros. Sin embargo, suele haber coincidencia en que no deberían ser más de cuatro o cinco. Algunos incluso opinan que tres debería ser el número máximo. Como dice la expresión española, «tantas cabezas, tantos sombreros», pero el punto que queremos enfatizar aquí es que no se pueden sostener decenas de valores.

Hay una justificación para ello. Ken Blanchard y Brené Brown están de acuerdo en afirmar que, cuando todo es prioritario, nada lo es. Si tenemos un número excesivo de valores, estos, en vez de orientar nuestra conducta, pueden llegar a paralizarnos. Esto se debe a que los valores coexisten en una tensión dinámica, y en ocasiones pueden entrar en conflicto entre ellos. Naturalmente, cuantos más valores tengamos, más posibilidades de conflicto habrá. Por eso se hace necesario reducir nuestra lista de valores a tan solo unos pocos y, además, establecer jerarquías entre ellos. Esto significa que debemos decidir cuál primará sobre los demás en caso de conflicto.

En su libro *Leading like Jesus* (Liderando como Jesús), Blanchard explica esto poniendo el ejemplo de la compañía Disney. Cortesía y seguridad son dos valores de la empresa que todos los trabajadores tienen perfectamente interiorizados. Todos los visitantes son tratados en sus parques con una cortesía exquisita. Sin embargo, la seguridad tiene prioridad por sobre la cortesía, y los empleados de Disney lo saben. Por lo tanto, en una situación que afecte la seguridad y en la que sea necesario preservar la integridad de los visitantes, la cortesía, sin ninguna duda, pasará a un segundo plano. Cuando hay un conflicto de valores, los empleados de Disney pueden priorizar con absoluta claridad, porque las prioridades ya estaban bien definidas de antemano.

Esto es aplicable no solo a las organizaciones, sino también a las personas. Imaginemos que una persona tiene dos valores bien identificados: prosperidad e integridad. Esta persona deberá, tarde o temprano, decidir cuál de estos dos valores tendrá prioridad por sobre el otro. Si la integridad ocupa el primer lugar, esto determinará que no todas las formas de obtener prosperidad serán aceptables. Consecuentemente, a la hora de tomar decisiones, la integridad guiará sus elecciones y sus acciones por encima de la prosperidad.

DEFINE TUS VALORES

Tus valores deben estar bien definidos, ya que una palabra, por sí sola, no aporta demasiada claridad. Por ejemplo, el término «coraje» puede significar cosas totalmente distintas para las diferentes personas. Definir nuestros valores resultará de gran ayuda para nosotros mismos, porque sabremos exactamente lo que queremos decir cuando hablamos de un valor determinado, pero lo será también para otros, porque no correrán el riesgo de interpretar nuestros valores a la luz de lo que estos puedan significar, o no, para ellos.

INTERIORIZA TUS VALORES

Cuando hablamos de interiorizar tus valores nos referimos a que los mismos pasen a formar parte de quién eres. De hecho, los valores son una expresión de nuestra auténtica identidad porque, de algún modo, nos definen. *«Estamos llamados»,* afirma Brené Brown, *«a vivir alineados con aquello que consideramos que es lo más importante».* En otro apartado de su libro *Dare to Lead*, al hablar de la interiorización de los valores, la autora indica que los valores deben estar *«interiorizados y solidificados en nuestras mentes de forma tan precisa, clara e irrefutable, que no parezcan una elección, sino simplemente una expresión de quienes somos en nuestras vidas».*

EXPRESA TUS VALORES

Blanchard es pragmático y tajante en este punto. Él indica que los valores deben ser expresados por medio de conductas que sean observables y medibles, y de las cuales se nos pueda hacer responsables. Dicho de otro modo, un valor se debe convertir en virtud para que no sea únicamente una entelequia intelectual, una mera abstracción que no se traslada a la vida cotidiana.

Los estudios llevados a cabo por Brené Brown muestran que, si bien la mayoría de las empresas y organizaciones (incluidas las iglesias y entidades cristianas) tienen definidos sus valores, solo un 10% de las mismas los expresan por medio de un listado de conductas concretas que sirvan de base para capacitar a sus empleados y para pedirles rendición de cuentas al respecto. La autora indica que lo deseable sería identificar tres o cuatro conductas que respalden un determinado valor. A modo de ejemplo, en *Dare to Lead* ella comparte dos de sus valores y las conductas que los ilustran:

VALOR	CONDUCTA
Coraje	Establezco límites claros con otras personas. Afronto conversaciones, reuniones y decisiones difíciles. Hablo con las personas, no acerca de ellas.
Servicio	Asumo la responsabilidad por mis productos y servicios. No eludo el atender las necesidades de las personas en mi entorno. No uso a las personas como medios para conseguir mis fines.

EL SEGUIDOR DE JESÚS Y SUS VALORES

Históricamente, y hasta hace unos 60 o 70 años, la Iglesia y la sociedad compartían los mismos valores. Esto tenía sentido. Nuestras sociedades habían sido fundadas sobre los valores de la cultura judeo-cristiana y, durante siglos, esos valores habían sido la inspiración y sustento de los valores de la sociedad. Naturalmente, siempre podían encontrarse algunas personas que no compartían ni vivían esos valores, pero se trataba tan solo de individuos aislados o grupos minoritarios.

Sin embargo, a partir de mediados del siglo pasado, la sociedad comenzó a secularizarse de forma rápida e imparable, y aparecieron nuevos valores que no solo no estaban inspirados en la cultura judeo-cristiana, sino que, con una frecuencia creciente, chocaban con la misma. Los seguidores de Jesús se encontraron entonces viviendo en una sociedad que, al contrario de lo que había sucedido en épocas anteriores, sustentaba valores antagónicos a los suyos. Como si esto fuera poco, los cambios en dichos valores se producían cada vez con mayor intensidad y rapidez.

Hoy en día, cualquier adolescente o joven, sea cristiano o no, se ve sometido a un increíble bombardeo (procedente de la escuela, los medios de comunicación, los amigos e Internet, entre otros) que lo enfrenta con valores diferentes y, a menudo, contradictorios con los enseñados en su hogar. El autor Jim Frantti, en un artículo titulado *Valores cristianos en una sociedad cambiante*, escribe lo siguiente:

> *«La gente encuentra cada vez más problemas para dar sentido a sus vidas. Esto parece hacer que la clarificación de valores sea más importante en estos tiempos tan cambiantes».*

> *«Las escuelas deberían ayudar a los estudiantes a examinar, desarrollar y elegir racionalmente sus valores. Los estudiantes necesitan ayuda para clasificar los valores conflictivos de la televisión, los periódicos, los compañeros y los padres. Los estudiantes deben juzgar estos valores por sí mismos. Y deben sentirse bien acerca de sus propios valores, decisiones y comportamientos. Los estudiantes deben procesar las señales confusas de la sociedad de una manera que les permita vivir consigo mismos e interactuar con los demás».*

El mensaje es claro. En este mundo rápidamente cambiante se hace imprescindible clarificar los valores personales.

Como seguidores de Jesús, nosotros entendemos y creemos que los mismos deben provenir de la Palabra de Dios. El carácter del Señor nunca cambia, y nuestros valores están, o deberían estar, anclados, fundamentados, cimentados, en la forma de ser de nuestro Dios. Además, creemos que Jesús es la revelación última y definitiva del Padre. Esto significa que cuando miramos a Jesús es cuando vemos al Padre tal y como realmente es. Así nos lo indica el libro de Hebreos:

«En tiempos remotos, Dios habló muchas veces y de varias maneras a nuestros antepasados por medio de los profetas; pero en estos últimos tiempos nos ha hablado por medio de su Hijo. A él Dios lo hizo heredero de todas las cosas y por medio de él creó todo el universo. Él es el resplandor de la gloria de Dios, la fiel imagen de su ser y el que sostiene el universo con su palabra poderosa..».. (Hebreos 1.1-3)

Y también lo confirma el evangelio de Juan:

«A Dios nadie lo ha visto nunca; pero el Hijo único, que es Dios mismo y siempre está en unión con el Padre, nos ha enseñado cómo es, para que así lo podamos conocer». (Juan 1.18)

Creemos que Jesús es el hombre nuevo. Representa todo lo que nosotros hubiéramos podido llegar a ser y el pecado hizo inviable. Cuando observamos a Jesús, podemos ver cómo Él encarna y enseña los valores que todo seguidor suyo debería hacer propios. Y cuando miramos a las Escrituras, encontramos muchas personas que, aun con todas sus contradicciones y limitaciones, trataron de vivir los valores que entendían que emanaban del carácter del Señor al que reconocían como Dios.

El mundo a nuestro alrededor ha cambiado. La fuente de inspiración para nuestros valores no.

¿CÓMO UTILIZAR ESTE LIBRO EN TU AULA O GRUPO DE JÓVENES?

Este material está pensado para ti como educador y/o líder de un grupo de jóvenes o adolescentes. Al diseñarlo, hemos intentado tener en mente que sería usado en una situación de aula o de iglesia, y nos hemos esforzado para hacerlo lo más versátil posible de modo que encaje bien en ambos escenarios. Sin embargo, somos conscientes de que cada grupo de jóvenes y cada aula escolar son únicos y singulares, y es virtualmente imposible que un mismo material encaje al ciento por ciento en cada situación específica. Es por eso que te pedimos que hagas un esfuerzo para adaptar las sugerencias que compartimos contigo a tu propia realidad. ¡Gracias por tu flexibilidad!

DURACIÓN DE UN TEMA

Cada uno de los valores está pensado para ser desarrollado, como mínimo, en un par de sesiones. Creemos que hay demasiado contenido como para introducirlo, desarrollarlo, y hacer un cierre, todo en una única sesión.

Por otra parte, dicen que «menos es más», y nosotros estamos totalmente de acuerdo con esa máxima pedagógica. Para cada valor te proporcionaremos una gran cantidad de materiales, contenidos, y recursos adicionales, pero será tu responsabilidad dosificarlos de acuerdo a las características particulares del grupo de personas con las que estés trabajando. Tú, como su líder o maestro, conoces mejor que nadie su capacidad de absorción de nuevos contenidos, sus intereses y sus necesidades, y eres por lo tanto el más capacitado para regular la duración de cada lección en función de todas estas variables.

DESARROLLO DE UN TEMA

PRESENTA UN CASO DE ESTUDIO

Para cada uno de los valores que trataremos en este libro hemos desarrollado un caso de estudio que sirve para introducirlo. Puedes encontrar estos casos de estudio directamente en la web de e625. Búscalos en **www.e625.com/lecciones.**

El presentarle a tu grupo un caso de estudio antes de comenzar a hablar de la definición o de la etimología de la palabra sirve para «calentar motores», generando un diálogo acerca de una situación lo más cercana posible a la realidad de tus jóvenes, de modo que sus cerebros y sus corazones se activen y puedan ser más receptivos a las enseñanzas que después desarrollarás.

Puedes indicarles que el caso de estudio está relacionado con el valor que van a tratar o, si lo prefieres, puedes no anticiparles nada en absoluto. Decide esto como te parezca más conveniente en función de la realidad de tu público. Del mismo modo, ten la libertad de adaptar el caso de estudio a su realidad. Tal vez sea necesario cambiar algunos detalles, o los protagonistas, para que tus jóvenes lo sientan como algo más cercano a sus vidas. Recuerda que la finalidad del caso de estudio es tan solo preparar las mentes y los corazones de los jóvenes para recibir el valor que se trabajará posteriormente. Procura que no sientan que vas a juzgarlos por lo que respondan, y dales tiempo para pensar qué harían ellos en una situación similar, y por qué lo harían o lo dejarían de hacer.

PRESENTA EL VALOR QUE VAN A TRATAR

En este libro tienes desarrolladas tanto la definición como la etimología de cada uno de los valores que vamos a tratar, y explicarles todo esto a tus jóvenes es el objetivo de este punto. Naturalmente, puedes usar todas las herramientas que estén a tu alcance para ello. Por ejemplo, te recomendamos chequear los recursos adicionales que hemos seleccionado para ti. Están pensados para reforzar el proceso de aprendizaje, pero dejamos en tus manos el elegir cuándo es el mejor momento para utilizarlos.

Otra posibilidad es que antes de presentar tú la definición les pidas a tus jóvenes que la construyan. Todos sabemos distinguir la gratitud cuando la experimentamos (o cuando la dejamos de experimentar); sin embargo, hay una gran diferencia entre sentir algo y saberlo definir. Si les pides a tus jóvenes que ellos mismos construyan una definición, les estarás ayudando a pensar con atención acerca del valor que van a trabajar. Te aseguramos que así estarán mucho mejor preparados para recibir y comprender tus explicaciones.

PERMÍTELES A TUS JÓVENES HACER UNA AUTOEVALUACIÓN DE SUS CONDUCTAS

Un valor es simplemente una palabra... hasta que se pone en práctica. Cuando practicamos un valor, se convierte en una virtud.

Es raro que alguien diga que un determinado valor no es importante en su vida. A nivel teórico, todos afirmaremos sin dudarlo que la gratitud, la lealtad, la compasión, la gracia, etc., son importantes, ¡y en especial si somos seguidores de Jesús! Otra cosa muy diferente es que practiquemos estos valores y los tengamos incorporados en nuestras vidas.

Pensando en esto, para cada uno de los diferentes valores hemos listado algunas de las conductas que describen a una persona que lo pone en práctica. Dicho de otro modo, si alguien realmente vive ese valor, esas conductas estarán presentes en su vida cotidiana, y serán evidentes tanto para la persona misma como para aquellos que están en su entorno. Sería imposible escribir una lista exhaustiva con absolutamente todas las conductas que muestran que un valor está presente en la vida de una persona, pero de verdad deseamos que las que hemos incluido te sean de ayuda. Hemos escrito además una breve explicación para cada una de las conductas que listamos. Nos ha parecido necesario pues, en ocasiones, una frase sin la debida ampliación no dice gran cosa.

También hemos diseñado una breve y sencilla autoevaluación para que tanto tú como tus jóvenes puedan mirar sus propias vidas y ver en qué medida están reflejando, o no, cada uno de los valores que trataremos. Simplemente, a continuación de cada una de las conductas de la lista, tendrán la oportunidad de marcar su situación personal en una escala entre 0 (esta conducta no se encuentra en absoluto presente en mi vida) y 10 (esta conducta está totalmente incorporada en mi vida).

La autoevaluación personal permite «bajar» los valores de un nivel teórico a la vida cotidiana, y ver cuán presentes y desarrollados están en la realidad de cada uno. Esta autoevaluación también será la base sobre la que cada uno pensará luego su proyecto personal.

Como ya te habíamos adelantado, para facilitarte las cosas, además de incluir las autoevaluaciones en este libro, las hemos puesto en la web de e625 para que puedas imprimirlas y entregar una copia a cada uno de tus jóvenes. Puedes buscarlas en **www.e625.com/lecciones**.

PRESENTA UN EJEMPLO BÍBLICO

Ya hemos dejado claro que la fuente de nuestros valores no debe ser la cultura circundante, sino la Palabra de Dios. Muy a menudo, esta nos enseña por medio de personas que, precisamente, encarnaron esos valores en sus propias vidas. En ocasiones usaremos a Jesús como referencia, pero no siempre. Hay otros personajes de la Biblia que son muy buenos referentes, y vale la pena observarlos y aprender de ellos. Sin embargo, aunque no siempre vamos a referirnos a Jesús de manera explícita, sí lo estaremos haciendo de manera implícita. Lo que queremos es animarte a que tú mismo relaciones cada valor con la vida y enseñanzas del Maestro cuando nosotros hayamos usado a otro personaje para ilustrarlo.

Por ejemplo, cuando hablemos de lealtad usaremos a David y a Rut como modelo de personas que vivieron y encarnaron ese valor. ¡Pero Jesús también fue y sigue siendo un referente de lealtad para sus discípulos y para nosotros hoy en día! Con respecto a los apóstoles, en Juan 13.1 leemos:

> *«La fiesta de la Pascua se acercaba. Jesús sabía que había llegado la hora de dejar este mundo para reunirse con el Padre. Él había amado a los suyos que estaban en el mundo, y los amó hasta el fin».*

¿No es esto una clara muestra de lealtad? En cuanto a nosotros hoy en día, leemos en Mateo 28.20 que Jesús afirmó lo siguiente:

> *«...De una cosa podrán estar seguros: Estaré con ustedes siempre, hasta el fin del mundo».*

Por eso, queremos animarte a que siempre que te sea posible añadas a Jesús como una buena referencia, cualquiera sea el valor que estés trabajando. Y, nuevamente, te recomendamos que revises los recursos adicionales y pienses de qué manera pueden ser de utilidad para reforzar cada valor en las vidas de tus jóvenes. Como ya dijimos, puedes encontrarlos en **www.e625.com/lecciones**.

USEN LAS PREGUNTAS PARA PENSAR

Esa es su finalidad: facilitar que los jóvenes con los que estés trabajando, sea en un aula o en un grupo de iglesia, puedan pensar con mayor profundidad sobre el valor que ha sido presentado a través del personaje bíblico. Las preguntas que hemos incluido son orientativas. Si te son de utilidad, ¡pues úsalas! En caso contrario, puedes generar y usar las tuyas propias. Lo importante es ayudar a tu grupo a pensar y reflexionar sobre la historia que acaban de escuchar, para que así puedan conectarla mejor con sus vidas.

¡ALTO AQUÍ!

Si estás pensando trabajar cada valor en dos sesiones, este sería un buen punto para acabar la primera sesión. El contenido quedaría, entonces, distribuido de la siguiente forma:

SESIÓN 1:

- Caso de estudio
- Introducción:
    › Definición del valor a tratar
    › Etimología
- Conductas:
    › Explicar en qué consiste cada una
    › Realizar una autoevaluación individual sobre las conductas
    › Comentar entre todos los resultados de la autoevaluación
- Ejemplo bíblico
- Preguntas para pensar

SESIÓN 2:

- Repaso de la sesión anterior
- Ejemplo contemporáneo:
    › Posibilidad de que los jóvenes investiguen
    › Puesta en común de los resultados
- Proyecto personal
- Proyecto comunitario

Nuevamente queremos expresarte que estas son simplemente ideas, sugerencias a modo orientativo. El propio desarrollo de tu clase o reunión te dará pistas acerca de cuándo es conveniente hacer un corte. ¡Sigue tus instintos!

MUÉSTRALE A TU GRUPO UN EJEMPLO CONTEMPORÁNEO

Alguien más o menos contemporáneo, es decir, más cercano a nuestra época, puede ayudarnos a entender mejor un valor determinado y lo que significa vivirlo en la vida práctica. Algunas de las personas que hemos seleccionado como ejemplo son cristianas; otras no. Algunas son bien conocidas; otras lo serán a partir del momento en que tú cuentes su historia. En todos los casos, sin embargo, se trata de mujeres y hombres que supieron vivir con valores.

Esta parte de la lección es ideal para favorecer la participación de tus jóvenes. Ellos son expertos en navegar por Internet, así que, ¿por qué no desafiarlos a que sean ellos los que busquen ejemplos contemporáneos que ilustren el valor que están estudiando? Puedes, por ejemplo, dividir el grupo grande en varios grupos pequeños y asignarles la tarea de que cada uno de ellos haga una investigación para encontrar personas que ilustren ese valor. Luego pueden hacer la presentación y puesta en común de los resultados de su búsqueda.

Si quieres darles más tiempo para hacer esto, tal vez quieras dividir los grupos y asignar las tareas al final de la primera sesión, de manera que tengan una semana o algunos días para realizar la búsqueda por grupos. Luego podrán presentar sus resultados al inicio de la segunda sesión.

TERMINEN LA LECCIÓN CON UNA APLICACIÓN

Las lecciones de este libro no buscan exclusivamente aumentar los conocimientos teóricos de tus jóvenes, sino, por sobre todo, ayudarlos a integrar estos aprendizajes a sus propias vidas. Deseamos que *piensen* diferente, pero también que *vivan* diferente. Es por eso que queremos pedirte que hagas mucho énfasis en las actividades de aplicación. Hemos diseñado dos para cada uno de los valores: una individual, y una grupal. Aquí te las explicamos en detalle:

PROYECTO PERSONAL

Siempre está relacionado con las conductas que se manifiestan en la persona que vive un determinado valor, y está orientado a desafiar y ayudar a que los jóvenes puedan incorporar este valor y estas conductas a sus propias vidas.

Recuerda que ya antes les dimos la oportunidad a tus jóvenes de autoevaluarse del 0 a 10 a la luz de cada una de las conductas que listamos para cada valor. Eso les proporcionará un rápido y sencillo «autodiagnóstico» de hasta qué punto tienen incorporado ese valor a su vida cotidiana.

Con el proyecto personal deseamos que cada joven piense en una o dos de esas conductas (pero no más de dos, porque de lo contrario son demasiados retos de forma simultánea); que elija aquellas que más le motiven, o las que considere prioritarias, y que diseñe pasos prácticos para incorporarlas a su vida (o para mejorar en ese aspecto si es que ya las tiene incorporadas pero no tanto como quisiera). Para ello, en cada una de las lecciones verás que se repiten las mismas preguntas:

1. De todas las conductas que expresan _____ (el valor que se esté tratando en esa lección), ¿cuál o cuáles desearías incorporar o desarrollar en tu propia vida? (Elije una o dos como máximo, las que te parezcan prioritarias.)

2. ¿Qué cosas prácticas crees que pueden ayudarte a desarrollar estas conductas?

3. ¿Cuándo lo vas a hacer?

4. ¿Cómo lo vas a hacer?

5. ¿A quién le vas a contar acerca del compromiso que has tomado para que te ayude a cumplirlo?

Tu responsabilidad como educador o líder es hacer énfasis en la importancia de que cada joven pueda diseñar su propio proyecto personal, y asegurarte de que ellos continúen trabajando en él hasta que logren los objetivos que se habían propuesto. Explícales que todos los grandes cambios empiezan con «pasitos de bebé». Cualquier cambio, por difícil y desafiante que parezca, comienza con pequeños pasos que, poco a poco, nos llevan desde donde estamos hasta donde queremos llegar.

Ten presente también esto: las cosas que no se practican, no se incorporan a la vida diaria. Incluso, lo que es peor, en ocasiones generan un efecto «inmunizante», porque nos llevan a creer que el conocimiento intelectual acerca de un valor es equivalente a tenerlo incorporado.

Ahora bien, una vez que tus jóvenes hayan diseñado su plan personal, es importante que en la siguiente reunión haya un seguimiento respecto de los pasos prácticos que cada joven haya decidido poner en marcha. Es decir, si has estado trabajando, por ejemplo, la compasión, y cada joven desarrolló su proyecto personal, la próxima vez que se reúnan debes dedicar un tiempo para poner en común cómo les fue, con qué retos se encontraron, etc. Eso genera una expectativa positiva de rendición de cuentas entre todos. Los estudios enseñan que si no hay un seguimiento de los pasos prácticos que cada uno planeó, las posibilidades de que estos se lleven a cabo disminuyen dramáticamente.

A continuación te compartimos algunas preguntas que pueden ayudarte para hacer ese seguimiento:

1. ¿Qué experiencias han tenido a la hora de aplicar su proyecto personal?

2. ¿Qué cosas sienten que han hecho bien?

3. ¿Cuáles han sido los retos más importantes con los que se han encontrado?

4. ¿Cómo los han superado, o cómo creen que los podrían superar?

5. ¿Qué cosas han aprendido en el proceso?

6. ¿Qué cosas harían de manera diferente en el futuro?

Una vez más, estas preguntas son meramente orientativas. Úsalas si las consideras apropiadas, o, en caso contrario, deséchalas y genera otras que se ajusten mejor a tu situación.

PROYECTO DE GRUPO

Como ya te adelantamos al comienzo del libro, en la mayoría de las ocasiones no vamos a darte sugerencias relacionadas con el proyecto de grupo. La idea es que sean ustedes –tú y tu grupo– quienes lo diseñen, porque cada grupo es único y singular en lo que hace a su composición, a las distintas realidades de sus miembros, y al entorno en que se mueven. Por lo tanto, ustedes son los más adecuados para determinar de qué manera puede un determinado valor aplicarse de forma práctica en esa realidad única.

Nuestra recomendación es que tú, como líder o educador, seas el encargado de dinamizar al grupo para que juntos puedan diseñar el proyecto. Si los jóvenes participan en la elaboración del proyecto lo sentirán como más propio, más suyo, y los niveles de motivación para participar aumentarán.

El proyecto puede consistir en una actividad puntual, es decir, que comienza y acaba de forma más o menos rápida o, por el contrario, en una intervención que se alarga en el tiempo y puede durar semanas o incluso todo un curso escolar. El formato dependerá del objetivo que deseen alcanzar.

Algunas preguntas que pueden servirles de ayuda a la hora de pensar el proyecto de grupo son:

1. Como grupo, ¿de qué forma podríamos tomar este valor sobre el cual estamos hablando, y aplicarlo de manera práctica a la realidad que nos rodea?

2. ¿Qué necesidades o qué situaciones hay en nuestro entorno con las que podríamos trabajar para aplicar este valor?

3. ¿Qué objetivos queremos lograr, qué necesidad queremos satisfacer, en qué realidad queremos intervenir?

4. ¿Cómo sabremos si nuestro proyecto ha sido un éxito cuando acabe? ¿Qué debería haber sucedido? ¿Qué deberíamos haber conseguido?

5. ¿Qué pasos prácticos vamos a dar para convertir este proyecto en realidad?

6. ¿Qué recursos vamos a necesitar?

7. ¿Quién puede ayudarnos?

8. ¿Qué obstáculos podríamos llegar a encontrarnos en el camino?

9. ¿Cómo podríamos solucionarlos?

Una vez más, todas las preguntas anteriores son simplemente nuestras sugerencias. ¡Siéntete libre de modificarlas o de pensar otras nuevas de acuerdo a las necesidades de tu grupo!

ACERCA DE LOS RECURSOS ADICIONALES

En la primera parte de este libro ya te explicamos bastante acerca de los recursos adicionales. Lo que queremos recordarte aquí es que estos recursos pueden ser utilizados en cualquiera de las fases de desarrollo de una lección. Sin embargo, hazlo de forma crítica, y revísalos siempre antes de usarlos. Es muy arriesgado que, por ejemplo, proyectes un vídeo que no has visto previamente, y puedas encontrarte con sorpresas. Recuerda que puedes encontrar los recursos adicionales sugeridos para cada lección en **www.e625.com/lecciones**.

LECCIÓN 01 — Justicia

DEFINICIÓN

La justicia es una forma de actuación que consiste en dar a cada persona aquello que le corresponde, y tratarla de la forma que es debido, sin ningún tipo de preferencias o de discriminación a causa de su raza, sexo, religión, trasfondo cultural, económico, o social, orientación política, etc.

En particular, cuando hablamos de justicia desde una perspectiva cristiana, nos referimos a la constante y firme voluntad de dar a Dios y a nuestro prójimo lo que les es debido. Cuando una persona vive con justicia, procura tratar a los demás como necesitan y merecen.

La justicia es el valor que busca el bien común para las personas. Nació de la necesidad de mantener la armonía entre los integrantes de la sociedad, y es básica para poder vivir en orden y paz.

La justicia también puede ser definida como el conjunto de leyes y normas que rigen las relaciones de las personas y las instituciones por medio de una serie de autorizaciones, prohibiciones y obligaciones que deben ser respetadas por todos. Sin embargo, en estas páginas no vamos a usar esa acepción del término. Cuando hablemos de justicia, estaremos hablando fundamentalmente de nuestras relaciones con el prójimo.

ETIMOLOGÍA

La palabra «justicia» que usamos en el idioma español proviene del latín *iustitia* que, a su vez, viene de *ius* (derecho), y significaba para los antiguos romanos «lo que era justo».

Sin embargo, para poder entender el concepto de justicia como valor bíblico hemos de buscar su origen en la lengua hebrea. La Palabra de Dios desarrolla de forma muy amplia el tema de la justicia en la vida de las personas y nos brinda numerosas pautas sobre cuál es la forma de vivir y proceder con justicia. El libro *Justicia generosa: cómo la gracia de Dios nos hace justos*, del conocido autor Tim Keller, ha sido para nosotros una increíble fuente de inspiración y comprensión respecto de qué significa la justicia desde la perspectiva de Dios. En estas páginas vamos a seguir sus enseñanzas para poder explicarte mejor y con mayor profundidad el verdadero significado de la palabra «justicia».

En el libro de profeta Miqueas leemos lo siguiente:

> *«Oh hombre, él te ha declarado lo que es bueno, y qué pide Jehová de ti: solamente hacer justicia, y amar misericordia, y humillarte ante tu Dios».* (Miqueas 6.8, RVR60)

Aquí el profeta nos está indicando claramente lo que el Señor espera de nosotros, a saber: que hagamos justicia, que amemos la misericordia, y que seamos humildes ante Él. Vale la pena, pues, tratar de entender qué entiende nuestro Dios por hacer justicia, ¿verdad?

Tim Keller lo explica de una forma muy clara:

> *El texto dice «hacer justicia, y amar misericordia», lo cual a primera vista parecen ser dos cosas diferentes, pero no lo son. El término para «misericordia» es la palabra hebrea «chesedh», la gracia y la compasión incondicional de Dios. La palabra para «justicia» es el término hebreo «mishpat». En el texto de Miqueas «mishpat» pone en énfasis en la acción, «chesedh» lo pone en la actitud o motivación detrás de la acción. Así pues, para caminar con el Señor, hemos de hacer justicia motivados por un amor misericordioso.*

Pero hablemos más del significado de la palabra «mishpat». En su libro, Keller indica que esta palabra aparece más de 200 veces en el Antiguo Testamento. Su significado más básico es «tratar a las personas de forma equitativa». Es más, en este trato igualitario la Ley no hacía distinción entre el judío y el extranjero:

> *«La misma ley rige para el extranjero y para el israelita. Yo soy el Señor su Dios».* (Levítico 24.22)

Dicho de otro modo, una persona debía ser reconocida, premiada o castigada en función de sus actos, sin importar su raza o estatus social. Eso era lo justo. Eso era practicar justicia.

Cabe aclarar que *«mishpat»* incluía concederles a las personas sus derechos, así como exigirles sus obligaciones. E implicaba también el ofrecerles protección y cuidado a aquellos que lo precisaban. Este último punto es tremendamente importante porque *«mishpat»* aparece una y otra vez relacionada con la protección de aquellos que son más vulnerables y necesitados en la sociedad.

En el Israel de aquella época, «los más vulnerables» estaban representados por cuatro grupos de personas: los huérfanos, las viudas, los inmigrantes y los pobres. Hemos de tener en cuenta que estos colectivos carecían de cualquier tipo de poder social, vivían siempre en los límites de la subsistencia, y eran muchísimo más sensibles a cualquier cambio económico, político, climático (como las sequías o inundaciones), etc. El Señor, por medio de los profetas, habló una y otra vez acerca de la importancia de tratarlos con justicia. Fíjate lo que leemos en el libro de Zacarías:

> *«No opriman a las viudas ni a los huérfanos, ni a los extranjeros ni a los pobres. No maquinen el mal en su corazón los unos contra los otros». (Zacarías 7.10, NVI)*

Ahora bien, si tuviéramos que hacer una lectura contemporánea y nos propusiéramos escribir una lista de los más vulnerables de nuestra sociedad, a los ya mencionados deberíamos de añadir: las personas sin hogar, las madres solteras, los niños abusados, los inmigrantes ilegales, las personas explotadas sexualmente, y varios grupos más. Cada país, cada sociedad, cada realidad tiene sus propios grupos de gente vulnerable y excluida.

Las conclusiones a las que llega Keller son, en nuestra opinión, muy acertadas. Según la Biblia, la justicia de una sociedad es evaluada a la luz de cómo trata a los grupos humanos más vulnerables. La negligencia en cubrir sus necesidades no es considerada en la Biblia como una falta de caridad o misericordia, sino como una clara violación de la justicia, de la *«mishpat»*. Citando textualmente a este autor:

> *Dios ama y defiende a aquellos con menor poder económico y político, y lo mismo deberíamos hacer nosotros. Eso es lo que significa «hacer justicia».*

Además, el idioma hebreo tenía otra palabra adicional para hablar de justicia: *«tzadeqah»*. Esta palabra se utilizaba para describir una vida en la que las relaciones interpersonales eran correctas. El erudito bíblico Alec Motyer, citado por Keller en su libro, lo describe de la siguiente forma:

Los justos [los que practican la justicia] son aquellos que tienen una correcta relación con Dios y, consecuentemente, están comprometidos a que el resto de sus relaciones también lo sean.

No es posible estar en una relación correcta con Dios y que eso no se traslade a nuestras relaciones interpersonales. De forma práctica, podríamos decir que *«tzadeqah»* se refiere a una vida cotidiana en la que las relaciones de una persona, en la familia y en la sociedad, están caracterizadas por la justicia, la generosidad y la equidad.

Los dos términos hebreos, indica Keller, son complementarios. Él lo explica de la siguiente manera:

Estas dos palabras [«mishpat» y «tzadeqah»] es lo que a groso modo algunos han denominado «justicia primaria» y «justicia rectificadora». «Mishpat» es la justicia rectificadora. Significa castigar a los que obran mal y cuidar de las víctimas de un trato injusto. La justicia primaria, o «tzadeqah», es una conducta que, si fuera prevalente en nuestro mundo, haría que la justicia rectificadora fuera innecesaria, porque todos estaríamos viviendo en la relación correcta los unos con los otros.

Como ves, son dos caras, dos vertientes, dos dimensiones de la misma realidad.

Muy bien, hemos dedicado una buena cantidad de páginas a explicar la etimología de la palabra «justicia» en el idioma hebreo. Deseamos que esto te haya sido de ayuda para poder entender cómo encaja este concepto tan importante con la manera que tiene Dios de entender la vida y las relaciones humanas.

Queremos terminar este apartado haciendo referencia a Job, un conocido personaje de la Biblia. Keller explica que en varios pasajes de su libro podemos ver cómo se relacionan las dos vertientes o facetas de la justicia: *«mishpat»* y *«tzadeqah»*. Leamos juntos:

«...porque yo libraba al pobre que clamaba, y al huérfano que no tenía quien le ayudara. Venía sobre mí la bendición del que estaba a punto de perecer, y el corazón de la viuda yo llenaba de gozo. De justicia [tzadeqah] me vestía, y ella me cubría; como manto y turbante era mi derecho [mishpat]. Ojos era yo para el ciego, y pies para el cojo. Padre era para los necesitados, y examinaba la causa que no conocía. Quebraba los colmillos del impío, y de sus dientes arrancaba la presa». (Job 29.12-17, LBLA)

«Si he menospreciado el derecho [mishpat] de mi siervo o de mi sierva cuando presentaron queja contra mí, ¿qué haré cuando Dios se levante? Y cuando El me pida cuentas, ¿qué le responderé? ¿Acaso Aquél que me hizo a mí en el seno materno, no lo hizo también a él? ¿No fue uno mismo el que nos formó en la matriz? Si he impedido a los pobres su deseo, o he hecho desfallecer los ojos de la viuda, o si he comido mi bocado solo, y el huérfano no ha comido de él (aunque desde mi juventud él creció conmigo como con un padre, y a la viuda la guié desde mi infancia); si he visto a alguno perecer por falta de ropa, y sin abrigo al necesitado, si sus lomos no me han expresado gratitud, pues no se ha calentado con el vellón de mis ovejas; si he alzado contra el huérfano mi mano, porque vi que yo tenía apoyo en la puerta, que mi hombro se caiga de la coyuntura, y mi brazo se quiebre en el codo. Porque el castigo de Dios es terror para mí, y ante su majestad nada puedo hacer. Si he puesto en el oro mi confianza, y he dicho al oro fino: Tú eres mi seguridad; si me he alegrado porque mi riqueza era grande, y porque mi mano había adquirido mucho; si he mirado al sol cuando brillaba, o a la luna marchando en esplendor, y fue mi corazón seducido en secreto, y mi mano tiró un beso de mi boca, eso también hubiera sido iniquidad que merecía juicio, porque habría negado al Dios de lo alto». (Job 31.13-28, LBLA)

La conclusión es clara: omitir el hacer bien a cualquier ser humano, al margen de su raza, origen o condición social, era una grave ofensa contra Dios mismo.

En definitiva, la justicia consiste en que nuestras relaciones estén caracterizadas por un trato equitativo hacia todos en general, y por una preocupación especial hacia los derechos y necesidades de los más vulnerables.

CONDUCTAS

Vale la pena recordar que un valor, como por ejemplo la justicia, no deja de ser una simple palabra, un concepto teórico, algo abstracto. Recién cuando lo practicamos, es decir, cuando lo incorporamos a nuestra forma de vivir, ese valor se convierte en una virtud. Una virtud que se expresa por medio de una serie de conductas.

Aquí te presentamos unas breves preguntas de autoevaluación para que puedas de alguna manera medir dónde te encuentras tú en este sentido y, a partir de allí, puedas trazar tus planes de cambio. Esta autoevaluación será la base para diseñar luego tu proyecto personal.

Recuerda que en la web de e625 encontrarás una copia de esta autoevaluación para que puedas imprimir tantas como necesites, y así cada joven de tu grupo pueda completarla de manera individual. Puedes buscarlas en **www.e625.com/lecciones**.

Al responder estas preguntas, piensa en tu propia vida. Reflexiona sobre cada conducta. A nosotros nos encanta la palabra «reflexionar». Proviene del latín, y significa, literalmente, «inclinarse hacia atrás para poder, de ese modo, ganar distancia y perspectiva».

Toma distancia, y examina tu vida desde fuera. Luego de reflexionar, anota tu respuesta, eligiendo un número entre el 0 («esta conducta no está en absoluto presente en mi vida») y el 10 («esta conducta está totalmente incorporada en mi vida»). El resultado no solamente te dará una idea de cuán desarrollado está ese valor en tu vida, sino que también te dará pautas acerca de cómo puedes comenzar a trabajar para incorporarlo en caso de que sea necesario.

Bueno, muy bien, comencemos entonces. ¿Cuáles serían algunas de las conductas de un hombre justo? Veamos...

1. **¿Entiendo y respondo a las necesidades de las personas más vulnerables de la comunidad en la que vivo?**

    La persona justa entiende el concepto de *«mishpat»* y, por tanto, su responsabilidad de comprometerse en la satisfacción de las necesidades de los grupos más vulnerables de su comunidad. No estamos hablando de caridad, sino de justicia. No se refiere a una opción, sino a una expectativa que el Señor tiene de cada creyente.

    0   1   2   3   4   5   6   7   8   9   10

2. **¿Denuncio de forma intencional todo tipo de injusticia, especialmente aquella que va dirigida hacia los más vulnerables?**

    Nuevamente, esta es una expresión de *«mishpat»*, y aparece muy bien reflejada en el libro de Proverbios 31.8-9:

    «¡Alza la voz por aquellos que no pueden alzarla por sí mismos, defiende a los indefensos! ¡Alza la voz por los pobres y necesitados y procura que se les haga justicia!».

    0   1   2   3   4   5   6   7   8   9   10

3. **¿Apoyo todo tipo de causas que tienen como objetivo promover la justicia y el trato equitativo para todas las personas?**

Nuestro Dios es un Dios santo; de su santidad nace nuestra preocupación y promoción de la moral. Nuestro Dios es un Dios justo; de su justicia nace nuestra preocupación y promoción de la justicia y la ética.

0   1   2   3   4   5   6   7   8   9   10

4. **¿Soy una persona que no discrimina a otras personas, sea cual sea su raza o su condición social, cultural, económica, política, de género, etcétera? ¿Veo en todas ellas a personas hechas a la imagen de Dios, y portadoras de esta?**

Aquí estamos hablando de la expresión de *«tzadeqah»*, es decir, del trato equitativo a todas las personas, sin ningún tipo de discriminación.

0   1   2   3   4   5   6   7   8   9   10

5. **¿Entiendo y vivo «mishpat» y «tzadeqah», no como opciones personales, sino como mis responsabilidades ante Dios y el prójimo?**

La vida que no practica la justicia deshonra a Dios, y es una clara violación de su Ley y de las expectativas que Él tiene de sus hijos.

0   1   2   3   4   5   6   7   8   9   10

UN EJEMPLO BÍBLICO

Creemos que nadie en la Biblia ejemplifica mejor este valor que Dios Padre. Nuestro Dios es justo, y la justicia es un reflejo de su carácter. Ya lo hemos mencionado hace un momento cuando hablamos de la santidad: este es uno de los atributos del Señor, y eso nos mueve a vivir vidas santas, caracterizadas por una moralidad que refleje su carácter. Del mismo modo, la justicia es otro de sus atributos y, consecuentemente, ello nos compele a vivir vidas caracterizadas por la práctica de la justicia.

Continuamos citando a Tim Keller porque su libro ha sido una increíble ayuda para poder entender este valor y cómo nuestro Padre lo ilustra de forma perfecta. Presta atención a los siguientes textos bíblicos:

«El Señor hace justicia a los oprimidos, da de comer a los hambrientos y pone en libertad a los cautivos. El Señor da vista a los ciegos, el Señor ama a los

justos. El Señor protege al extranjero, y cuida al huérfano y a la viuda pero desbarata los planes de los malvados». (Salmos 146.7-9)

«El Señor tu Dios es Dios de dioses y Señor de señores. Él es el grande y poderoso Dios, temible; que no es parcial y no acepta soborno, que hace justicia a los huérfanos y a las viudas; que ama al exiliado y le da alimento y vestido». (Deuteronomio 10.17-18)

Aun mediante un rápido y superficial acercamiento a la Biblia podemos ver cuán numerosas son las ocasiones en las que Dios se presenta a sí mismo como el defensor de los pobres y quien hace justicia a los débiles. Y si nuestro Dios tiene una preocupación por los más vulnerables de la sociedad (¡y es evidente que la tiene!), entonces nosotros deberíamos ser sus imitadores.

Además, cuando algo en las Escrituras se repite con frecuencia es que nos encontramos ante un punto importante. Keller lo explica de la siguiente forma:

Cuando las personas me preguntan: «¿Cómo quiere que le presentemos?», habitualmente les propongo que digan que soy «Tim Keller, ministro en la Iglesia Presbiteriana del Redentor en la ciudad de Nueva York». Por supuesto, soy muchas cosas más, pero esa es la cosa principal en la que yo invierto mi vida pública.

El ejemplo que da Keller nos ayuda a entender cuán importante es que los escritores bíblicos presenten tan habitualmente al Señor como «aquel que defiende y hace justicia a los vulnerables». ¡Esto implicaría que esa es una de las principales tareas que el Señor pretende llevar a cabo en el mundo!

Es interesante observar que un Dios que se identifique con los grupos más desfavorecidos de la sociedad es un caso único en todo el mundo antiguo. Los estudiosos de las religiones nos enseñan que los dioses siempre han estado del lado, o apoyando a, los reyes, los sacerdotes, los guerreros... En definitiva, a los poderosos. Incluso en nuestros días vemos muchas iglesias cristianas que muestran su apoyo a los poderosos y se ponen del lado de aquellos grupos que controlan la economía, la política y la vida social, y esto, con demasiada frecuencia, a costa y en oposición a los intereses de aquellos a los que Dios protege.

No nos cabe la menor duda de que el Padre ama a todo el mundo (si hiciera falta demostrarlo podríamos citar, por ejemplo, Juan 3.16). Pero no es menos cierto que el Señor tiene palabras muy duras para aquellos que se aprovechan de la situación vulnerable de los más desfavorecidos de la sociedad. Algunos pasajes de las

Escrituras son tremendamente fuertes en su lenguaje y, no lo olvidemos, ¡es Dios mismo hablando por medio de los profetas! Fíjate en estos ejemplos:

> *«¡Maldito sea quien quebrante los derechos del inmigrante, del huérfano o de la viuda! Y el pueblo a una responderá: ¡Amén!».* (Deuteronomio 27.19, BLPH)

> *«Así dice el Señor: Actúen conforme a derecho y justicia, liberen al desposeído de manos del opresor, no exploten ni traten con violencia al inmigrante, al huérfano y a la viuda, ni derramen sangre inocente en este lugar».* (Jeremías 22.3, BLPH)

A continuación, en un interesante pasaje, vemos cómo Dios le señala al rey Joaquín que su falta de sensibilidad hacia el pobre, el necesitado y el vulnerable es una clara muestra de que no le conoce, a diferencia de su padre, quien siempre mostró justicia hacia ellos:

> *«¡Pero no es la belleza del palacio lo que hace la grandeza del rey! ¿Por qué reinó tanto tiempo tu padre Josías? Porque fue justo e imparcial en todos sus actos. Por eso lo bendijo Dios. Él se encargó de que a los pobres y menesterosos se les hiciera justicia y se les ayudara, y todo le salió bien. Esa es la manera de vivir de acuerdo a mi voluntad, dice el Señor. Pero tú, ¡tú estás lleno de codicia y fraude! Matas a los inocentes, oprimes a los pobres y reinas despiadadamente».* (Jeremías 22.15-17)

Ya hemos visto en la etimología de la palabra justicia cómo, en ocasiones, los dos términos *«tzadeqah»* y *«mishpat»* aparecen juntos. De hecho, según indica Tim Keller, podemos encontrar varias docenas de pasajes de la Biblia en los que se da esa conjunción. La mejor manera de traducir esa combinación sería, según los estudiosos bíblicos, *«justicia social»*. Vemos, pues, que nuestro Dios no está preocupado únicamente por que la justicia sea ejercida sobre un individuo, ¡sino sobre toda la sociedad! Observa estos ejemplos:

> *«Él ama la justicia y el derecho [la justicia social]; llena está la tierra de su tierno amor».* (Salmo 33.5)

> *«El que alardee, alardee de esto: de tener entendimiento y conocerme, de saber que yo soy el Señor, que pongo en práctica la fidelidad, la justicia y el derecho en el país [justicia social] Estas son las cosas que me agradan.»...* (Jeremías 9.23, BLPH)

La importancia de la práctica de la justicia, porque es un reflejo del carácter de nuestro Dios, es enfatizada una y otra vez en las Escrituras, así como también una y otra vez se denuncia cuando esta no se está llevando a cabo. El Señor envía a los profetas que denuncian a los poderosos por su negativa a ejercer justicia, e incluso por corromperla con sus riquezas. Por otra parte, el Señor les indica a sus hijos que la verdadera adoración, la que Él busca y valora, no tiene tanto que ver con la liturgia, los sacrificios y las prácticas piadosas, sino más bien con la práctica de la justicia. En el libro de Isaías encontramos varios textos que apuntan en este sentido:

«Sus sacrificios me tienen harto, no me los traigan más. No quiero sus carneros engordados, no quiero ver la sangre de sus ofrendas. ¿Cómo he de querer los sacrificios de ustedes si ni siquiera son capaces de sentir dolor por sus pecados? El incienso que me traen hiede en mis narices. Sus santas celebraciones de la luna nueva y el sábado, y sus días de ayuno especial —aun sus más santas reuniones—, ¡todo es fraude! No quiero nada más con ellos. Los detesto a todos, no puedo verlos ni pintados. De ahora en adelante, cuando oren con las manos levantadas al cielo, no miraré ni escucharé. Por más oraciones que hagan, no escucharé, porque sus manos son manos de asesinos, están manchadas con la sangre de víctimas inocentes. ¡Oh, lávense, límpiense! Que no les vea yo nunca más cometer esas maldades; dejen sus malos caminos. Aprendan a hacer el bien, a ser justos y a ayudar a los pobres, a los huérfanos y a las viudas». (Isaías 1.11-17)

«¡Eso no es ayuno! El ayuno que a mí me agrada es que dejen de oprimir a quienes trabajan para ustedes y liberen a los que están esclavizados y que ¡acaben con toda injusticia! Ayuno es que compartan su alimento con los hambrientos y que alberguen en sus hogares a los indefensos y menesterosos, que vistan a los que padecen frío y ayuden a todo aquel que necesite de su auxilio». (Isaías 58.6-7)

PREGUNTAS PARA PENSAR

1. ¿Qué grupos vulnerables hay en el entorno en el que vives?

2. ¿Cuáles son las necesidades que estos grupos tienen? De entre todas esas necesidades, ¿cuáles son las más importantes?

3. ¿Qué piensa el Señor acerca de esas necesidades?

4. ¿Qué espera de ti, qué desea que hagas?

5. ¿De qué modos concretos podrías practicar con estos grupos *«miishpat»* y *«tzadeqah»*?

UN EJEMPLO CONTEMPORÁNEO

MARTIN LUTHER KING JR.

Entre 1870 y 1970, el sur de los Estados Unidos vivió uno de los períodos más vergonzosos de su historia. Pero comencemos un poco antes. La esclavitud había sido abolida por la Proclamación de Emancipación del año 1863, promulgada por el presidente Abraham Lincoln. En realidad, esta disposición estaba compuesta por dos decretos presidenciales publicados en plena Guerra de Secesión. El primero era del año anterior, y establecía la libertad de todos los esclavos negros en la Confederación. El segundo, fechado el primer día de 1863, estipulaba el nombre de los Estados donde se aplicaría la liberación.

Eduardo Montagut, doctor en Historia, explica cómo se desarrolló la segregación racial. Curiosamente, al no citar a los Estados del Sur que no se habían separado de la Unión, ni a los que habían sido reintegrados hasta esa fecha, y al permitir algunas exenciones en distritos y condados de otros Estados, no se estableció la liberación total. Por otro lado, la Proclamación en sí no abolía la esclavitud, por lo que en 1865 se aprobó la Decimotercera Enmienda a la Constitución de los Estados Unidos que sí la prohibía. Por su parte, la Decimocuarta Enmienda, propuesta en 1866 y aprobada dos años después, definía lo que significaba la ciudadanía nacional, aboliendo la Decisión del Caso Dred Scott contra Sanford (1857) que excluía a los esclavos y a sus descendientes libres de tener derechos constitucionales. Esta enmienda obligaba a los Estados a proteger la igualdad de las personas, no pudiendo legislar contra sus derechos, como eran los de la vida, la libertad o la propiedad. La garantía de los derechos pasaba entonces al Gobierno Federal, frente a lo que había ocurrido hasta entonces, cuando había sido potestad de los Estados. Finalmente, la Decimoquinta Enmienda, aprobada en 1870, establecía que los Estados no podían impedir votar a un ciudadano debido a su raza, color, o condición anterior de esclavitud.

Sin embargo, como dice el dicho popular, «hecha la ley, hecha la trampa». José Alfredo Elía Marcos explica que, influenciados por ideologías de tipo racista, los blancos (especialmente, pero no únicamente, en los estados del sur), generaron toda una serie de legislaciones para mantener su supremacía sobre la población negra y privarla (en la práctica, ya que constitucionalmente no era posible) de sus derechos. Todo ese entramado legal que se generó con esta intención fue lo que permitió la segregación racial. Bajo la expresión: «separated but equal» (separados pero iguales) se argüía que ambas poblaciones podían tener los mismos derechos y oportunidades, pero viviendo de forma separada. La segregación racial se convertía, entonces, en algo legal.

Las Leyes de Jim Crow (1876) plasmaron la segregación en la práctica. En ellas se negaba el derecho al voto de los negros, imponiendo una serie de requisitos como saber leer y escribir, tener posesiones y pagar un impuesto electoral. Pronto se instauró un régimen de apartheid en el que más de 13 millones de negros eran obligados a vivir apartados del resto de la sociedad. Las viviendas, escuelas, transportes, hoteles, restaurantes, incluso los baños, todo estaba dividido para evitar que el hombre blanco se «contaminara» por la influencia del negro. En algunas ciudades se llegó a aplicar una ley marcial que prohibía a los negros salir a la calle a partir de las diez de la noche. Todas las fraternidades, clubs y sociedades (Masones, Rotarios, y otros) tenían prohibido admitir a individuos de la raza segregada.

En el sur también se prohibía a los negros asociarse y participar en los sindicatos. En 1890 el Partido Popular (Populist Party) creó un movimiento agrícola con el apoyo de la población negra para ejercer presión sobre los bancos y los ferrocarriles e intentar conseguir ponerle un precio justo a los productos agrícolas, pero el partido se encontró de frente con la élite blanca del Partido Demócrata del sur. Esta élite evitó el voto afroamericano mediante impuestos al voto (poll taxes) y con linchamientos organizados por todo el sur.

Las oportunidades, en la práctica, tampoco eran iguales para negros y blancos. Por ejemplo, las escuelas púbicas de blancos recibían más dinero, mientras que las destinadas a los negros recibían el mínimo dinero posible. Elía Marcos ilustra estas diferencias de oportunidades con un ejemplo dramático: el accidente de tráfico que sufrió la cantante negra Bessie Smith. La ambulancia que la llevaba recorrió todos los hospitales del Misisipi en busca de una transfusión de sangre, pero en ninguno de ellos la dejaron entrar ya que eran «hospitales para blancos». Bessie Smith se desangró en la camilla, falleciendo por culpa de esta segregación «legal».

Este hecho y muchos otros, dieron origen al Movimiento de Igualdad de Derechos de los Negros, liderado por el pastor bautista Martin Luther King Jr. (1929-1968). Martín Luther King junior, pastor bautista e hijo también de un pastor de esa denominación, nació en el estado sureño de Atlanta, Georgia. King tenía unas dotes excepcionales para la oratoria, una increíble capacidad para conectar con la gente de su pueblo y gran valentía personal. King llamó la atención nacional inicialmente en 1955 cuando él y otros activistas de los derechos civiles fueron arrestados tras encabezar un boicot a una compañía de transporte de Montgomery, Alabama, que exigía que las personas no blancas cedieran sus asientos a los blancos y se quedaran de pie o sentados en la parte posterior del autobús.

A lo largo de la década siguiente King escribió, dio discursos, y organizó protestas y manifestaciones multitudinarias (no violentas) para llamar la atención sobre la discriminación racial y para exigir una legislación sobre derechos civiles que protegiera los derechos de los afroamericanos. En 1963 en Birmingham, Alabama, King encabezó manifestaciones pacíficas multitudinarias que las fuerzas policiales blancas combatieron con perros policía y mangueras contra incendios creando una polémica que generó titulares en los periódicos por todo el mundo. Las posteriores manifestaciones multitudinarias en muchas poblaciones culminaron con una gran concentración que atrajo a más de un cuarto de millón de personas a la avenida conocida como «el Mall» en Washington DC, la capital de los Estados Unidos. Fue allí donde King pronunció su famoso discurso *«I have a dream»* («Yo tengo un sueño»), en que imaginaba un mundo en que las personas ya no estuvieran divididas por su raza o por su color de piel. Tan fuerte fue el movimiento que King inició, que el Congreso promulgó la Ley de Derechos Civiles en 1964, el mismo año en que fue honrado con el Premio Nobel de la Paz.

Unos años más tarde, en 1968, Martin Luther King Jr. fue asesinado en la ciudad de Memphis, en el estado sureño de Tennessee. Se había trasladado hasta allí dentro del marco de su campaña a favor de los derechos civiles de la minoría negra, con el objetivo de apoyar a los 1300 trabajadores de color de la compañía municipal de limpieza que estaban llevando a cabo una huelga. King encabezó en esa ciudad una marcha de solidaridad con ellos a la que asistieron más de 15000 personas. Cuando estaba descansando en la terraza de su hotel, un disparo acabó con su vida. Tan sólo tenía 39 años.

Martin Luther King Jr. recibió la Medalla Presidencial de la Libertad a título póstumo, y es conocido en todo el mundo como un ícono del movimiento por los derechos civiles. Su vida y su trabajo simbolizaron la búsqueda de la igualdad y la no discriminación, ideales que se encuentran en la esencia de cualquier sueño de tener un mundo más justo. La fe del doctor King y su creencia en un Dios justo y en la igualdad de todos los seres humanos (porque todos hemos sido creados por Él y somos portadores de su imagen), fueron su motivación para luchar en defensa de los derechos civiles, políticos y económicos de los más desfavorecidos de su país. Evidentemente conocía el significado de *«mishpat»* y *«tzadeqah»*, y los puso en práctica en su vida.

APLICACIÓN PRÁCTICA

PROYECTO PERSONAL

El proyecto personal consiste en ayudar a cada joven a que pueda pensar cuáles de las diferentes conductas que muestran que la justicia es un valor son reales en su vida cotidiana, y cuáles otras quieren priorizar para incorporarlas o desarrollarlas. Luego de realizar la autoevaluación individual, las siguientes preguntas pueden ayudarles en esa dirección:

1. De todas las conductas que expresan justicia, ¿cuál o cuáles desearías incorporar o desarrollar en tu propia vida? (Elije una o dos como máximo, las que te parezcan prioritarias).

2. ¿Qué cosas prácticas crees que pueden ayudarte a desarrollar estas conductas?

3. ¿Cuándo lo vas a hacer?

4. ¿Cómo lo vas a hacer?

5. ¿A quién le vas a contar acerca del compromiso que has tomado para que te ayude a cumplirlo?

Cuando les decimos a otras personas los compromisos que hemos tomado, estos adquieren más fuerza. Además, ¡esto nos asegura que contaremos con ayuda para cumplirlos cuando la necesitemos!

PROYECTO DE GRUPO

Tu grupo de jóvenes o tu clase se encuentran ubicados en un entorno social particular: un barrio, una colonia, una población, etc. Les proponemos que juntos, como grupo, preparen y lleven adelante un proyecto para hacer justicia allí donde el Señor los ha colocado.

En primer lugar, deberán hacer una investigación para descubrir qué grupos vulnerables existen en su comunidad, qué necesidades tienen, y cómo los podrían ayudar ustedes. En segundo lugar, deberán hacer una intervención, es decir, hacer algo, ya sea de manera puntual o continuada, que les lleve justicia a esas personas.

Nuestra recomendación es que el líder o maestro dinamice el proceso, que sea un facilitador, pero que involucre a todos los muchachos y muchachas en la investigación sobre las necesidades de la comunidad, en la búsqueda y diseño de posibilidades de intervención, y en la puesta en práctica del plan que hayan elegido llevar adelante.

LECCIÓN 02 — Lealtad

DEFINICIÓN

En este capítulo trataremos dos conceptos que van íntimamente unidos: lealtad y fidelidad. Una persona leal es fiel. De hecho, podríamos afirmar que son dos matices, dos vertientes, dos perspectivas de la misma realidad.

El diccionario recoge definiciones que pueden parecer distantes y alejadas del lenguaje que usan los jóvenes. Una de éstas afirma que:

La lealtad es el cumplimiento de lo que exigen las leyes de la fidelidad y del honor.

Parece el lenguaje del Señor de los Anillos, o de Juego de Tronos, ¿no es así? Otra definición indica que alguien leal es aquel que le guarda a alguien (una persona) o algo (una idea, una creencia, una institución) la debida fidelidad. Y ya que hemos afirmado que ser leal y ser fiel van de la mano, entremos un poco más a fondo en el significado de fidelidad y fiel. El diccionario dice que:

Fidelidad es la constancia (continuidad) en los afectos, en el cumplimiento de los compromisos, obligaciones y responsabilidades y en no defraudar la confianza depositada.

Afirmaríamos, por ejemplo, que Rodrigo es fiable porque mantiene su palabra y sus compromisos. Si confías en él, puedes estar seguro que no te defraudará.

Veamos ahora qué dice Wikipedia acerca de la lealtad:

La lealtad es un principio que básicamente consiste en nunca darle la espalda a determinada persona o grupo social que están unidos por lazos de amistad o por alguna relación social, es decir, el cumplimiento de honor y gratitud.

La lealtad se trata básicamente de cumplir con lo que hemos prometido, incluso cuando las circunstancias son adversas. La lealtad es una virtud, y como tal debemos desarrollarla desde nuestra conciencia. Ser leal con otra persona es una obligación moral que tenemos con una pareja, un amigo, un compañero de trabajo, un familiar.

La lealtad consiste en ser fieles a los compromisos que hemos tomado, sin importar las circunstancias. Dios es leal a su pueblo y, por tanto, cumple sus compromisos con él, incluso cuando su gente le es infiel y no cumple su parte del pacto.

En definitiva, lealtad es fidelidad; es una relación con algo o alguien a quien no se le dará la espalda aunque las cosas no vayan bien o las circunstancias sean duras y difíciles.

ETIMOLOGÍA

La palabra «lealtad» proviene del antiguo latín, más concretamente del término *legalis* que significaba «el respeto a la ley».

CONDUCTAS

Un valor, como la lealtad, no deja de ser una simple palabra, un concepto teórico, hasta que lo practicamos. Cuando lo incorporamos a nuestra forma de vivir, ese valor se convierte en una virtud, que se expresa por medio de una serie de conductas.

Reflexiona sobre tu propia vida y completa la siguiente autoevaluación. Anota tu respuesta, eligiendo un número entre el 0 («esta conducta no está en absoluto presente en mi vida») y el 10 («esta conducta está totalmente incorporada en mi vida»). El resultado no solamente te dará una idea de cuán desarrollado está ese valor en tu vida, sino que también te dará pautas acerca de cómo puedes comenzar a trabajar para incorporarlo en caso de que sea necesario.

Recuerda que en la web de e625 encontrarás una copia de esta autoevaluación para que puedas imprimir tantas como necesites, y así cada joven de tu grupo pueda completarla de manera individual. Puedes buscarlas en **www.e625.com/lecciones**.

1. **¿Respeto mis compromisos con personas, instituciones y organizaciones, incluso cuando el romperlos podría resultarme beneficioso?**

   Precisamente, la lealtad se pone de manifiesto en esos momentos en los que permanecer fiel es difícil e incluso costoso, y en que la persona podría resultar beneficiada rompiendo los compromisos y la palabra dada. Por decirlo de alguna manera, es mucho más complicado ser leales en los tiempos difíciles que en los tiempos fáciles.

0   1   2   3   4   5   6   7   8   9   10

2. **¿Me esfuerzo para que las personas, organizaciones e instituciones a las que estoy vinculado se sientan seguras con respecto a nuestra relación y a mis intenciones y motivaciones?**

La lealtad produce confianza. Confianza es la medida en la que una persona se siente segura con respecto a las motivaciones e intenciones del otro. La persona que es leal genera a su alrededor un clima de confianza que permite a las personas e instituciones con las que se relaciona sentirse seguras.

0   1   2   3   4   5   6   7   8   9   10

3. **¿Doy lo mejor de mí mismo a las personas, organizaciones e instituciones con las que me relaciono?**

La lealtad produce un deseo de buscar el bien, la seguridad, y la protección de las relaciones que hemos establecido.

0   1   2   3   4   5   6   7   8   9   10

4. **¿Mantengo mi palabra, mis compromisos y pactos, incluso en los momentos de adversidad y dificultad, sin ceder a las presiones de otros o de las circunstancias?**

Como dice el refrán español, cuando alguien es leal tú puedes contar con esa persona «a las duras y a las maduras», es decir, tanto en los momentos buenos como en los malos. Las personas leales se mantienen fieles aún en medio de situaciones difíciles.

0   1   2   3   4   5   6   7   8   9   10

UN EJEMPLO BÍBLICO

DAVID

Los capítulos 16 al 31 del primer libro de Samuel describen acontecimientos que ponen en evidencia la lealtad inalterable que mostró David hacia el rey Saúl y hacia su hijo Jonatán.

Saúl, el primer rey de Israel, fue repudiado por el Señor debido a su desobediencia. No se mantuvo fiel a Dios, y en varias ocasiones cedió ante las presiones de la gente desoyendo lo que el Señor le había pedido. Para reemplazar a Saúl, Dios decidió buscar a alguien cuyo corazón fuera acorde con el suyo. David fue el elegido.

Todos conocemos la historia del enfrentamiento de David con el gigante Goliat. Esa victoria le dio a David acceso a la corte del rey e incluso le permitió casarse con su hija. La popularidad que fue adquiriendo el joven guerrero despertó la envidia del monarca, quien comenzó a percibirlo como un competidor y aun como alguien que podía acabar con su dinastía. Este sentimiento fue creciendo hasta inducir a Saúl a atentar contra la vida de David.

David debió entonces huir del palacio para preservar su vida, y anduvo errante por los desiertos de Israel perseguido por un rey empeñado en destruirlo. La situación era semejante al juego del gato y el ratón. El rey persiguiendo con su ejército a David, y este huyendo, con un grupo de hombres, de las emboscadas del rey.

Los capítulos 24 y 26 cuentan que David tuvo la oportunidad de matar Saúl en dos ocasiones. Si lo hubiera hecho, podría haberse considerado legítima defensa. Y dado que David ya había sido ungido como rey de Israel por el profeta Samuel, tenía pleno derecho a reinar.

En la primera de las situaciones David y sus hombres estaban escondidos en una cueva. Fue precisamente allí donde el rey Saúl decidió entrar a descansar. La venganza y la liberación estaban al alcance de la mano de David. Incluso sus hombres lo interpretaron como una oportunidad que le ofrecía el mismo Dios:

«Los hombres de David le dijeron:

— Esta es la ocasión que te anunció el Señor cuando te dijo: «Voy a poner a tu enemigo en tus manos. Haz con él lo que mejor te parezca».

David se levantó sin hacer ruido y cortó el borde del manto de Saúl». (1 Samuel 24.5, BLPH)

¡Vaya dilema que tuvo que enfrentar David! Pero el futuro rey tenía claramente incorporado a sus principios el valor de la lealtad. En respuesta a la sugerencia de sus hombres les dijo:

«— Dios me libre de hacerle eso a mí rey, el ungido del Señor, y de atentar contra él. ¡Es el ungido del Señor!

David aplacó a sus hombres con estas palabras y no les permitió atacar a Saúl. Mientras tanto, Saúl salió de la cueva y siguió su camino». (1 Samuel 24.7-8, BLPH)

¿Qué sucedió luego? Saúl llegó a saber que su vida había estado en las manos de David y que este le había sido leal, preservándosela. El rey, conmovido, se arrepintió de su mal proceder hacia a David. Sin embargo, ese sentimiento pronto se disipó, y en poco tiempo volvió a la carga contra él.

Pero David tuvo una segunda oportunidad de eliminar a su perseguidor, y en el capítulo 26 se narra ese episodio. Acompañado por Abisay, uno de sus hombres, David pudo introducirse en el mismísimo campamento del rey llegando hasta el lugar donde este dormía. Tenía en sus manos la posibilidad de terminar con la vida de Saúl y con el sufrimiento que le causaba vivir como fugitivo. Entonces Abisay le dijo a David:

«— Dios pone hoy a tu enemigo en tus manos. Déjame, pues, que lo clave en tierra de una sola lanzada y no habrá que rematarlo». (1 Samuel 26.8, BLPH)

Nuevamente David se encontraba ante un gran dilema. Y una vez más su lealtad prevaleció y se hizo patente en su respuesta a Abisay.

«Pero David respondió a Abisay:

— No lo mates, porque no se puede atentar impunemente contra el ungido del Señor.

Y añadió:

— ¡Vive Dios, que habrá de ser el Señor quien lo hiera, o cuando le llegue la hora de la muerte, o cuando caiga y perezca al entrar en combate! ¡El Señor me libre

*de atentar contra su ungido! Así que toma la lanza que está a su cabecera y la
cantimplora, y vámonos».* (1 Samuel 26.9-11)

La persecución a la que Saúl sometió a David continuó, y sólo llegó a su fin cuando
el rey fue derrotado y muerto a manos de los filisteos.

David fue proclamado rey tras la muerte de Saúl. En un principio solo reinó sobre la
tribu de Judá, ya que un general del ejército de Saúl había nombrado rey de Israel
a Isboset, hijo de Saúl. El enfrentamiento entre la familia de Saúl y David continuó
hasta que Isboset fue asesinado a sangre fría por algunos hombres que querían ga-
narse el favor de David. Pero contrariamente a lo que ellos esperaban, David ordenó
ejecutarlos en pago de su mala acción. La lealtad del nuevo rey seguía intacta.
Tanto es así que, cumpliendo una promesa que hiciera a su gran amigo Jonatán, hijo
de Saúl, David cuidó durante toda su vida a Mefiboset, un hijo lisiado de Jonatán,
devolviéndole incluso todas las tierras que habían pertenecido a su familia.

RUT

El libro de Rut relata una historia en la cual también se destaca el valor de la lealtad. Los acontecimientos transcurrieron en la época de los jueces, antes de que
Israel se convirtiera en una monarquía con Saúl como su primer rey. Nos cuenta la
narrativa bíblica que debido a una crisis económica en Israel, muchas personas decidieron emigrar a los países vecinos. Entre ellos se encontraba una familia de Belén
compuesta por Elimélec, su esposa Noemí y sus dos hijos, Majlón y Quilión. Ellos se
dirigieron a la región de Moab buscando mejores condiciones de vida, tal como lo
hacen tantas personas que migran de un país a otro en la actualidad.

Toda la familia se estableció allí y los dos hijos se casaron con sendas mujeres moa-
bitas: Orfa y Rut, a pesar de que ello no estaba permitido por la Ley de Israel. El
relato bíblico nos dice que al cabo de varios años murieron todos los hombres de la
familia. Noemí, Orfa y Rut se convirtieron en viudas, lo cual en esa época, como ya
hemos comentado, las ponía en una situación de gran vulnerabilidad.

Al enterarse de que la situación económica en su tierra natal había mejorado, Noemí
decidió volver a Belén. Sus dos nueras, Orfa y Rut quisieron acompañarla. Pero Noemí intentó convencerlas de que permanecieran en Moab, que volvieran a sus familias
de origen para poder rehacer sus vidas y aún tener descendencia. Argumentó que
uniendo sus destinos al de ella nada bueno les esperaba y que sólo serían un grupo
de tres mujeres viudas y, por lo tanto, vulnerables. Finalmente, ante los argumentos

de Noemí, Orfa optó por permanecer en Moab. Rut, en cambio, se mantuvo firme en su decisión de acompañar a Noemí, manifestando su intención de ser leal a su suegra con estas palabras tan conocidas:

> *«—No me pidas que te deje y me aparte de ti; adondequiera que tú vayas iré yo, y viviré donde tú vivas; tu pueblo será mi pueblo, y tu Dios será mi Dios. Quiero morir donde tú mueras, y ser sepultada allí. Y que Dios me castigue si no cumplo mi promesa. Nada nos separará, ¡ni siquiera la muerte!».* (Rut 1.16-17)

La decisión de Rut de permanecer junto a su suegra y de vincular su destino al de ella constituye un auténtico acto de lealtad. Y una vez en Israel, Rut siguió siendo leal a Noemí. Sensible a sus necesidades y atenta a sus sugerencias, se dedicó a recoger las espigas que durante la cosecha dejaban detrás de sí los segadores. Aprovechando la práctica prescripta por la Ley para provisión de los más necesitados (Deuteronomio 24.19), Rut logró proveer un sustento abundante para su suegra.

Finalmente, la historia de Rut tuvo un desenlace inesperado. La lealtad que la motivó a salir a espigar para sostener a su suegra le permitió conocer a Booz, pariente de Noemí, en cuyo campo ella espigaba. Impactado por la fidelidad y la generosidad de Ruth, Booz decidió ejercer el derecho que le asistía según la Ley del Levirato (Deuteronomio 25.5 y ss.) para casarse con Rut. De esa unión nació Obed, que fue el abuelo de David, cuya historia acabamos de ver como otro ejemplo de persona leal.

PREGUNTAS PARA PENSAR

1. ¿Cómo definirías «lealtad» con tus propias palabras?

2. ¿De qué manera mostró David lealtad hacia Saúl?

3. ¿Qué motivaba a David a serle leal a alguien que buscaba su ruina?

4. ¿De qué manera mostró Rut lealtad hacia Noemí?

5. ¿Qué puede haber motivado a Rut a serle leal a alguien que no podía aportar ningún beneficio a su vida?

6. ¿Cuál es la fuente y el modelo de lealtad para un cristiano?

7. Juan dice lo siguiente acerca de Jesús:

«La fiesta de la Pascua se acercaba. Jesús sabía que había llegado la hora de dejar este mundo para reunirse con el Padre. Él había amado a los suyos que estaban en el mundo, y los amó hasta el fin». (Juan 13.1)

¿Cómo relacionas este versículo con la lealtad? ¿Qué dirían tus amigos acerca de tu nivel de lealtad? ¿Podría decirse lo mismo de ti?

UN EJEMPLO CONTEMPORÁNEO

LOS MISIONEROS DE NANJING

A fines de 1931, los japoneses generaron lo que se conocería como «El incidente del 18 de septiembre» como pretexto para ocupar tres provincias en el noreste de China. Esto provocó el estallido de la guerra en el continente asiático.

Más tarde, el 7 de julio de 1937, el ejército japonés inventó el «Incidente del puente Marco Polo» en las afueras de Pekín; un falso ataque organizado contra las tropas japonesas, que justificó y marcó el comienzo de una invasión total a China. Del 13 de agosto al 12 de noviembre de ese año, las tropas japonesas atacaron y ocuparon Shanghái. Desde allí, el ejercito nipón marchó hacia el oeste, hasta Nanjing (por entonces la capital de China). Rodearon la ciudad y atacaron desde tres posiciones diferentes.

El ejército japonés tomó control sobre Nanjing el 13 de diciembre de 1937 y más de 300000 civiles fueron asesinados en las siguientes seis semanas. Después de esto, Nanjing siguió siendo una ciudad ocupada durante todo el resto de la Segunda Guerra Mundial.

Sin embargo, los misioneros norteamericanos Searle Bates, Lewis Smythe, Minnie Vautrin, Grace Bauer y Richard Freeman Brady (pertenecientes a Global Ministries), en un acto de lealtad hacia el pueblo chino, permanecieron en Nanjing arriesgando sus propias vidas para establecer el Comité de la Zona de Seguridad Internacional, que protegió a más de 250000 personas en esa ciudad.

Ellos fueron personas leales que hoy son recordadas tanto en China como en los Estados Unidos. Minnie Vautrin, por ejemplo, fue llamada «el Ángel de Nanjing», y algunas de las personas de aquella castigada ciudad consideraban a los misioneros como «Budas vivientes», un nombre que refleja su creencia de que Dios los había acompañado durante este momento difícil.

Todos esos misioneros arriesgaron sus vidas por otros, y permanecieron fieles en medio de las atrocidades y el infierno en que se convirtió la ciudad de Nanjing, porque compartían los mismos valores de lealtad, justicia y humanidad.

LOS MISIONEROS COREANOS

La lealtad es una combinación de amor y fidelidad. En 2007, un grupo de veintitrés misioneros surcoreanos fueron capturados por los talibanes en Afganistán. Estaban aterrorizados. Los talibanes separaron a todos los componentes del grupo, los aislaron y confiscaron sus posesiones. Una de las mujeres coreanas logró aferrarse a su Biblia. La rompió en veintitrés pedazos y secretamente le entregó a cada uno una porción, para que donde sea que estuvieran, cada uno pudiera leer una parte de las Escrituras cuando nadie los estaba vigilando directamente.

El grupo sabía que los talibanes habían decidido matarlos uno a uno. Y uno por uno, los misioneros entregaron sus vidas de nuevo a Jesús, diciendo: «Señor, si quieres que muera por ti, lo haré». Luego, uno de los pastores dijo: «He hablado con [los talibanes] y les he dicho a sus líderes que si alguien muere, yo debo morir primero porque soy el pastor». Otro dijo: «No, porque yo también soy pastor, y además soy mayor que tú. Yo moriré primero». El primer pastor le contestó: «Usted no está ordenado, mientras que yo sí lo estoy, por tanto, yo moriré primero». Y, efectivamente, fue el primero en morir. Dos más fueron asesinados antes de que el resto fuera rescatado. ¡Habían demostrado una extraordinaria lealtad a Dios y entre ellos mismos!

APLICACIÓN PRÁCTICA

PROYECTO PERSONAL

El proyecto personal consiste en ayudar a cada joven a que pueda pensar cuáles de las diferentes conductas que muestran que la lealtad es un valor son reales en su vida cotidiana, y cuáles otras quieren priorizar para incorporarlas o desarrollarlas. Luego de realizar la autoevaluación individual, las siguientes preguntas pueden ayudarles en esa dirección:

1. De todas las conductas que expresan lealtad, ¿cuál o cuáles desearías incorporar o desarrollar en tu propia vida? (Elije una o dos como máximo, las que te parezcan prioritarias).

2. ¿Qué cosas prácticas crees que pueden ayudarte a desarrollar estas conductas?

3. ¿Cuándo lo vas a hacer?

4. ¿Cómo lo vas a hacer?

5. ¿A quién le vas a contar acerca del compromiso que has tomado para que te ayude a cumplirlo?

Cuando les decimos a otras personas los compromisos que hemos tomado, ¡estos adquieren más fuerza!

PROYECTO DE GRUPO

La lealtad, como ya hemos mencionado, se le concede tanto a personas como a instituciones. Somos leales, por ejemplo, a nuestros amigos y a nuestra iglesia. Cómo grupo o clase, trabajen estas preguntas:

1. ¿A quién le debemos lealtad como grupo? ¿A qué personas, y a qué instituciones u organizaciones?

2. ¿Qué podríamos hacer para expresar de forma conjunta nuestra lealtad?

3. ¿Qué nos impide o nos puede impedir hacerlo?

4. ¿Qué plan concreto podemos trazar? ¿Cómo lo cumpliremos?

LECCIÓN 03 — Gratitud

DEFINICIÓN

Probablemente todos sepamos de forma instintiva qué es la gratitud y podamos reconocer cuándo alguien es agradecido o, por el contrario, desagradecido. Pero definir la palabra «gratitud» puede ser un poco más difícil. Algunos la han definido como un cálido sentido de aprecio por una bondad recibida, acompañado por un sentimiento de buena voluntad hacia el benefactor y un deseo de devolver el favor. Sin embargo, la gratitud puede tener un significado diferente en cuanto nos movemos de una cultura a otra, y también las conductas asociadas con la gratitud y la ingratitud pueden estar marcadas por la cultura y por la forma de ser de cada individuo.

En los últimos años está teniendo un auge creciente la llamada «piscología positiva». Ésta es definida por Christopher Peterson del siguiente modo:

La Psicología Positiva es el estudio científico de lo que hace que la vida valga más la pena. Es la llamada de la psicología científica y práctica para estar tan preocupados por las fortalezas como por las debilidades. Tan interesados en construir cosas mejores en la vida como en reparar lo que está peor. Y tan relacionados con crear vidas plenas en gente normal como en curar la patologías.

Dicho de una manera simple, esta rama de la psicología está interesada en trabajar todo aquello que contribuye a la felicidad y al pleno desarrollo de las personas; a que estas vivan vidas con un sentido de satisfacción. Y algo que se enfatiza aquí es la importancia de la gratitud para poder tener una vida plena.

Valorar la gratitud ha llevado también a estudiarla desde un punto de vista científico. Por ejemplo, Robert Emmons y Michael McCullough definen la gratitud como un proceso de dos pasos. El primero consiste en reconocer que hemos obtenido un resultado positivo. El segundo, en reconocer que hay una fuente externa que es la responsable de ese resultado positivo. Si bien la mayoría de estos beneficios positivos provienen de otras personas (de ahí la reputación de la gratitud como una emoción «orientada hacia el otro»), las personas también pueden experimentar gratitud hacia Dios, hacia el destino, hacia la naturaleza, etc.

Siguiendo con el acercamiento científico, algunos psicólogos hablan de tres tipos de gratitud: la gratitud como un «rasgo afectivo» (la tendencia general a tener una disposición agradecida), como «un estado de ánimo» (fluctuaciones diarias en la gratitud general) y como «una emoción» (el sentimiento más temporal de gratitud que uno puede sentir).

En definitiva, gratitud es el sentimiento que experimenta una persona cuando reconoce y valora un favor que alguien le ha concedido o algo bueno que ha recibido.

ETIMOLOGÍA

La palabra «gratitud», como tantas otras, proviene del latín, en este caso de *gratitudo*, *gratitudines*. El sufijo «tud» correspondía a una cualidad. Por lo tanto, gratitud era la cualidad que expresaba la persona que sabía reconocer los beneficios recibidos por parte de otros.

CONDUCTAS

Un valor, como la gratitud, no deja de ser una simple palabra, un concepto teórico, hasta que lo practicamos. Cuando lo incorporamos a nuestra forma de vivir, ese valor se convierte en una virtud, que se expresa por medio de una serie de conductas.

Reflexiona sobre tu propia vida y completa la siguiente autoevaluación. Anota tu respuesta, eligiendo un número entre el 0 («esta conducta no está en absoluto presente en mi vida») y el 10 («esta conducta está totalmente incorporada en mi vida»). El resultado no solamente te dará una idea de cuán desarrollado está ese valor en tu vida, sino que también te dará pautas acerca de cómo puedes comenzar a trabajar para incorporarlo en caso de que sea necesario.

Recuerda que en la web de e625 encontrarás una copia de esta autoevaluación para que puedas imprimir tantas como necesites, y así cada joven de tu grupo pueda completarla de manera individual. Puedes buscarlas en **www.e625.com/lecciones.**

1. ¿Comienzo cada día con gratitud al Señor?

Todo lo que tenemos es pura gracia y misericordia de Dios. Las personas a veces damos por sentado muchas cosas, comenzando por la vida misma, y olvidamos que el mero hecho de levantarnos cada día es un regalo del Padre por el cual deberíamos estar agradecidos.

0   1   2   3   4   5   6   7   8   9   10

2. ¿Considero que todas las cosas buenas que tengo o que me suceden son un regalo de Dios?

No solamente la vida en sí misma, sino todo lo que tenemos y podemos disfrutar debe provocar en nosotros una actitud de profunda gratitud hacia el Señor.

0   1   2   3   4   5   6   7   8   9   10

3. ¿Doy las gracias a otras personas por el trabajo hecho y/o el servicio recibido?

Dice el refrán español que *«de bien nacidos es ser agradecidos»*. Al dar las gracias a otras personas, reconocemos lo que otros hacen por nosotros y evitamos la tentación de pensar que es nuestro derecho y que «es natural» que nos sirvan.

0   1   2   3   4   5   6   7   8   9   10

4. ¿Termino cada día mirando hacia atrás, identificando y reconociendo todas las bendiciones recibidas del Señor?

El Salmo 103 nos invita a no olvidar ninguno de los beneficios y bendiciones que hemos recibido del Padre. Sin embargo, en muchas ocasiones, no tenemos conciencia de todo ello. Hacer una pausa, reflexionar, reconocer y agradecer son cuatro pasos sencillos que pueden ayudarnos al final de cada día.

0   1   2   3   4   5   6   7   8   9   10

5. ¿Doy gracias a Dios por todo, incluidas las cosas duras y difíciles de la vida?

En 1 Tesalonicenses 5.18 leemos:

«Den gracias a Dios en cualquier situación, porque esto es lo que Dios quiere de ustedes como creyentes en Cristo Jesús».

Nada sucede en la vida de un seguidor de Jesús sin que el Señor lo permita (lo cual no significa que Él lo cause o provoque). En ocasiones puede ser que pasemos por experiencias difíciles que sean consecuencia de nuestras propias decisiones. A pesar de esto, un creyente puede dar gracias por todo y en toda situación cuando entiende que Dios puede usarlas para desarrollar en nosotros el carácter de su hijo Jesús, es decir, para que nosotros podamos pensar y vivir cada día más como Él.

Las pruebas y situaciones difíciles de la vida las experimentan todos por igual, los cristianos y los no cristianos, ya que forman parte de la experiencia de ser un ser humano. Ahora bien, la gratitud nos ayuda a experimentar al Señor en medio de todo ello, y a crecer y madurar como personas. Una prueba nos puede destrozar o nos puede desarrollar, y esto dependerá, en buena parte, de nuestra actitud hacia la misma.

0   1   2   3   4   5   6   7   8   9   10

6. **¿Soy intencional el mostrar gratitud, aprecio y reconocimiento a otras personas por medio de notas, mensajes de WhatsApp, pequeños regalos, etc.?**

La gratitud, como la musculatura, se desarrolla y fortalece con la práctica. Se trata de un círculo virtuoso:

0   1   2   3   4   5   6   7   8   9   10

UN EJEMPLO BÍBLICO

EL LEPROSO SAMARITANO

En el capítulo 17 del evangelio de Lucas leemos la siguiente historia:

> *«Un día, Jesús siguió su viaje hacia Jerusalén, pasando por Samaria y Galilea. Cuando entró en un pueblo, diez hombres que estaban enfermos de lepra le salieron al encuentro. Ellos se pararon un poco lejos de él, y le gritaron:*
>
> *—¡Jesús, Maestro, ten compasión de nosotros!*
>
> *Él, al verlos, les dijo:*
>
> *—Vayan a presentarse a los sacerdotes.*
>
> *Y mientras aún iban en el camino, quedaron sanos. Uno de ellos, al verse sano, regresó alabando a Dios a gritos. Y se echó sobre sus rodillas, tocando con su rostro el suelo, a los pies de Jesús, y le dio las gracias. Este hombre era samaritano.*
>
> *Jesús preguntó:*
>
> *—¿No eran diez los que quedaron sanos? ¿Dónde están los otros nueve? ¿Sólo este extranjero regresó a dar gloria a Dios? —Y le dijo al hombre—: Levántate y vete. Tu fe te ha sanado».* (Lucas 17.11-19)

La vida de un leproso no ha de ser fácil, pero era muchísimo más difícil en los tiempos de Jesús. La lepra era considerada una enfermedad contagiosa para la cual no existía ningún tipo de cura. La persona que había contraído la dolencia iba viendo deformados sus miembros progresivamente hasta el día de su muerte.

Además, por temor al contagio, las personas enfermas de lepra se convertían en verdaderos parias. No podían vivir en comunidad, eran expulsados de sus familias y pueblos, y debían vivir aislados de las personas sanas; su única opción era formar comunidades con otros leprosos y vivir en cuevas o al aire libre, siempre necesitados de la caridad y misericordia de los demás para su provisión de comida, ropa y cualquier otra necesidad. Si se desplazaban de un lugar a otro debían anunciar siempre su presencia para que las personas sanas pudieran ponerse a salvo. Podían ser apedreados sin piedad si osaban acercarse a las personas sanas.

Esta enfermedad tenía también implicaciones espirituales. Existía una creencia extendida acerca de la lepra como consecuencia de pecados cometidos por el enfermo. La persona era considerada impura y estaba inhabilitada para participar en la vida espiritual de Israel. Así pues, al estigma social que generaba la enfermedad se le sumaba el religioso.

Cierta vez, diez leprosos decidieron buscar la oportunidad de acercarse a Jesús con la esperanza de ser sanados. Sabemos, porque así lo relatan los evangelios, que la fama del Señor se iba esparciendo por toda la zona de Judea y Galilea, y es muy probable que las noticias sobre su poder para sanar hubieran llegado hasta ellos.

Se animaron, entonces, a salir al encuentro del Señor. Sabiendo cómo debían comportarse, mantuvieron una distancia prudencial, y desde lejos le rogaron a Jesús que tuviera compasión de ellos. ¡Y lo que tanto anhelaban sucedió! El Maestro les indicó que fueran a presentarse a los sacerdotes. Ese era el procedimiento que prescribía la Ley de Moisés: el sacerdote, tras examinarlos, debía declarar si estaban sanos o no. La sanidad implicaba mucho más que estar curados de la enfermedad. Significaba que estaban en condiciones de integrarse nuevamente a la comunidad y volver a disfrutar de la vida social y religiosa del pueblo.

Mencionaremos una vez más a Robert Emmons y Michael McCullough, ambos estudiosos de la gratitud, que sostienen que ésta consiste en un proceso de dos pasos: primero, reconocer que se ha obtenido un resultado positivo (que en el caso de los leprosos sería la sanidad); segundo, reconocer que hay una fuente externa que fue la generadora de ese beneficio (que en este caso sería Jesús).

¡Lo curioso es que solamente una de las diez personas que fueron sanadas expresó agradecimiento! Es decir, uno solo reconoció el beneficio y se dirigió a la fuente del mismo para dar las gracias por ello. Lo llamativo aquí es que el único que volvió agradecido y alabando a Dios ¡era samaritano! Es decir, alguien que no pertenecía al pueblo de Israel. Y este hombre, que entendía la gratitud, obtuvo un beneficio adicional. Los diez fueron sanados, pero uno solo fue salvado: el samaritano. Ese hombre no fue solamente curado de su enfermedad, sino que fue espiritualmente restaurado en su relación con el Señor. Su salvación fue integral.

Este pasaje revela, además, un aspecto del carácter de Dios. Entendemos que Jesús, en su discernimiento y conocimiento del ser humano, pudo haber previsto cuál iba a ser la respuesta de aquel grupo de personas. Sin embargo, y a pesar de ello, decidió sanarlas... porque Dios es así. La Palabra nos dice que el Padre hace salir el sol

sobre justos e injustos, y lo mismo hace con la lluvia (Mateo 5.45). Él hace el bien de forma indiscriminada, al que se lo merece y también a aquel que no es digno de recibirlo.

Pero el pasaje también muestra la realidad de la naturaleza humana. Con demasiada frecuencia vivimos centrados en nosotros mismos y en nuestras propias necesidades. Somos egocéntricos; queremos y esperamos que todo el universo gire alrededor de nosotros. Pensamos en satisfacer nuestras necesidades, legítimas o no, y en cuanto una está satisfecha nos movemos hacia la siguiente en una vorágine que no se detiene. Esa es la consecuencia de vivir centrado en uno mismo. Damos por sentado lo que tenemos y lo consideramos como un derecho. Y podemos experimentar una gran frustración cuando, por alguna razón, nuestras necesidades, aspiraciones o deseos no son satisfechos.

Como si esto fuera poco, vivimos comparando lo que tenemos con lo que tienen otros. En ocasiones hasta nos sentimos tratados injustamente por Dios, al ver aquello que otros disfrutan y que no está a nuestro alcance. El enfocarnos en aquello que nos falta, nos lleva a no valorar todo lo que tenemos. No disfrutamos lo que tenemos, no nos produce plenitud y satisfacción, porque emocionalmente estamos enfocados en lo que no tenemos.

Una de las consecuencias que el pecado ha producido en la experiencia humana es un sentido de constante insatisfacción. Nada nos termina de llenar completa o totalmente. Experimentamos, de tanto en tanto, pequeños destellos de satisfacción. Nos pasamos buena parte de nuestra vida anhelando cosas que, una vez conseguidas, no son tan espectaculares como pensábamos, y su efecto anestesiante se desvanece rápidamente.

La gratitud es el antídoto contra esto. Nos obliga a colocar nuestro foco emocional en todo lo bueno y positivo que tenemos en nuestra vida y en lo que otros hacen por nosotros. Porque el verdadero reto para vivir una vida de contentamiento y satisfacción es, precisamente, ese: elegir bien dónde enfocamos nuestras emociones. Si lo hacemos en aquello de lo que carecemos, eso generará insatisfacción y frustración. Si, por el contrario, lo hacemos esforzándonos por reconocer todo lo bueno que tenemos y todo lo bueno, sea grande o pequeño, que otros hacen por nosotros, la satisfacción y la capacidad de vivir con plenitud aumentarán. Lo primero nos llevará a un círculo vicioso de creciente frustración. Lo segundo, a un círculo virtuoso de creciente satisfacción y plenitud.

La gratitud se relaciona, además, con la percepción que tenemos del beneficio recibido. Hay ocasiones en las que hemos recibido algo y no hemos demostrado un gran agradecimiento. No hemos valorado lo recibido. No hemos sabido apreciar la intención de la persona.

De hecho, Jesús dice que nuestra gratitud hacia el Padre es una evidencia de cuánto valoramos la salvación y el perdón que hemos recibido de nuestros pecados. Hemos conocido muchas personas que no entendían el concepto del pecado y se consideraban a sí mismas como buenas personas, especialmente porque se comparaban con otras y esa comparación siempre era positiva para ellas. Consecuentemente, su aprecio de la salvación era muy bajo, su gratitud pequeña, y su valoración de lo que Jesús había hecho por ellas muy limitado. En Lucas 7.36-49 se describe la cena en casa de Simón el fariseo. Seguramente recuerdas a la mujer pecadora que lloró a los pies de Jesús, los secó con sus cabellos, y luego los besó y los ungió con perfume. Allí Jesús reitera este concepto y afirma:

> *«Por eso te digo que ella ama mucho porque sus muchos pecados le han sido perdonados. Pero al que se le perdonan pocos pecados, poco ama». (Lucas 7.47)*

PREGUNTAS PARA PENSAR

1. ¿Qué demuestra el agradecimiento acerca del carácter de una persona?

2. ¿Qué demuestra la falta de agradecimiento acerca del carácter de una persona?

3. ¿Qué nos enseña esta historia bíblica acerca del agradecimiento?

4. ¿Qué te reta esta historia a hacer, dejar de hacer, o hacer diferente?

5. ¿Qué relación existe entre gratitud y generosidad?

UN EJEMPLO CONTEMPORÁNEO

ANDREW CARNEGIE

Buscando ejemplos más actuales que pudieran ilustrar la gratitud, sobresalió el de Andrew Carnegie. Hemos traducido directamente de la página web de su fundación www.carnegie.org la siguiente información acerca de su vida y su actitud hacia los bienes materiales:

Andrew Carnegie (1835–1919) fue uno de los industriales más ricos y famosos de su época. A través de la Carnegie Corporation de Nueva York, la innovadora fundación filantrópica que estableció en 1911, su fortuna ha apoyado todo tipo de proyectos, desde el descubrimiento de la insulina y el desmantelamiento de las armas nucleares, hasta la creación de Pell Grants [un programa de becas] y Plaza Sésamo. El trabajo de la Corporación y sus beneficiarios ha ayudado a moldear el discurso y la política pública durante más de cien años. Millones de personas se han beneficiado de la generosa provisión de Carnegie, un legado de bien real y permanente.

El lugar de nacimiento de Andrew Carnegie, Dunfermline, fue la histórica capital medieval de Escocia. Famosa por producir lino fino, la ciudad pasó por momentos difíciles cuando la industrialización hizo obsoletos los tejidos basados en el trabajo hogareño, dejando a los trabajadores como Will, el padre de Carnegie, en aprietos para poder mantener a sus familias. Will y su suegro, Thomas Morrison, un zapatero y reformador político, se unieron al popular movimiento cartista, que sostenía que las condiciones para los trabajadores mejorarían si las masas se hacían cargo del gobierno en lugar de la nobleza terrateniente. Cuando el movimiento fracasó en 1848, Will Carnegie y su esposa, Margaret, vendieron sus pertenencias y reservaron pasajes a América para ellos y sus hijos, Andrew, de 13 años, y Tom, de 5.

La familia de Andrew Carnegie decidió establecerse en Allegheny, Pennsylvania, un suburbio de Pittsburgh donde tenían amigos y familiares. Su barco atracó en la ciudad de Nueva York, la cual Andrew encontró desconcertante: «Nueva York fue la primera gran colmena de la industria humana entre los habitantes de los cuales me había mezclado, y el bullicio y la emoción me abrumaron», escribió Carnegie en su autobiografía. Luego, la familia viajó hacia el oeste en un barco de vapor, llegando a Allegheny tres semanas después (un viaje de 370 kilómetros y seis horas en automóvil hoy). Se mudaron a dos habitaciones sobre la tienda de tejidos de un familiar que se hizo cargo de su padre. Pero finalmente el negocio fracasó, dejando a la familia una vez más escasa de dinero.

A la edad de 13 años, Carnegie trabajó desde el amanecer hasta el anochecer como aprendiz y ayudante en una fábrica de algodón, transportando bobinas a los trabajadores en los telares y ganando u$s 1.20 por semana. Un año más tarde, fue contratado como mensajero para una empresa local de telégrafos, donde aprendió a usar el equipo y fue promovido a operador de telégrafos. Con esta habilidad consiguió un empleo en el Ferrocarril de Pensilvania, donde fue promovido a superintendente a la edad de 24 años. No solo era ambicioso; Carnegie era un lector voraz, y aprovechó la generosidad de un ciudadano de Allegheny, el coronel James Anderson, quien abrió su biblioteca a los jóvenes trabajadores locales (una oportunidad excepcional en esos días). A lo largo de los años, los libros proporcionaron la mayor parte de la educación de Andrew Carnegie, siendo invaluables a medida que progresaba rápidamente en su carrera.

Thomas A. Scott, superintendente de la división occidental del Ferrocarril de Pensilvania y jefe de Andrew Carnegie, inició la primera inversión del futuro millonario cuando alertó a Carnegie de la venta inminente de diez acciones en la Compañía Adams Express. Hipotecando su casa, Margaret Carnegie obtuvo u$s 500 para comprar las acciones, y pronto comenzó a ingresar el primer flujo de dividendos.

Mientras estaba asociado con el ferrocarril, Carnegie desarrolló una amplia variedad de otros intereses comerciales. Theodore Woodruff le comentó acerca de la creación de coches-cama en los ferrocarriles, ofreciéndole una participación en Woodruff Sleeping Car Company. Carnegie obtuvo un préstamo bancario para aceptar la propuesta de Woodruff, una decisión que no lamentaría. Finalmente, compró la compañía que introdujo con éxito el primer coche-cama en un ferrocarril de los Estados Unidos.

A los 30 años Carnegie ya había acumulado intereses comerciales en empresas de hierro, vapores en los Grandes Lagos, ferrocarriles y pozos petroleros. Posteriormente participó en la producción de acero y convirtió a la *Carnegie Steel Corporation* en la mayor empresa de fabricación de acero del mundo.

La carrera filantrópica de Andrew Carnegie comenzó alrededor de 1870. Aunque apoyó innumerables proyectos y causas, es más conocido por sus donaciones de edificios para bibliotecas públicas gratuitas, comenzando en su Dunfermline natal y finalmente extendiéndose por todo el mundo de habla inglesa, incluidos los Estados Unidos, Reino Unido, Australia y Nueva Zelanda. En 1887, Carnegie se casó con Louise Whitfield de la ciudad de Nueva York. Ella apoyó su filantropía y firmó un acuerdo matrimonial antes de su boda que declaraba la intención de Carnegie de regalar prácticamente toda su fortuna a lo largo de su vida. Dos años después, escribió «El Evangelio de las Riquezas», que articuló audazmente su visión acerca de los ricos como administradores de su patrimonio, diciendo que deberían vivir sin extravagancias, proveer con moderación a sus familias, y utilizar sus riquezas para promover el bienestar y la felicidad de los demás. Esta declaración de su filosofía se leyó en todo el mundo y las intenciones de Carnegie fueron ampliamente elogiadas.

Andrew Carnegie vendió su compañía siderúrgica a J.P. Morgan por u$s 480 millones en 1901. Al retirarse de su negocio, Carnegie se dispuso a distribuir su fortuna. Además de financiar bibliotecas, donó miles de órganos a iglesias en los Estados Unidos y en todo el mundo. La riqueza de Carnegie ayudó a establecer numerosos colegios, escuelas, organizaciones sin fines de lucro y asociaciones en su país adoptivo y en muchos otros. Su contribución más significativa, tanto en dinero como en influencia duradera, fue el establecimiento de varios fideicomisos o instituciones que llevan su nombre, entre ellos: Carnegie Museums of Pittsburgh, Carnegie Trust para las Universidades de Escocia, Carnegie Institution for Science, Carnegie Foundation (en apoyo de Peace Palace), Carnegie Dunfermline Trust, Fundación Carnegie para el Avance de la Enseñanza, Carnegie Endowment for International Peace, y Carnegie UK Trust.

Uno de los ejemplos más tangibles de la filantropía de Andrew Carnegie fue la fundación de 2509 bibliotecas entre fines del siglo XIX y principios del XX. De estas bibliotecas, 1679 fueron construidas en los Estados Unidos. Carnegie gastó más de u$s 55 millones de su patrimonio solamente en bibliotecas, y a menudo se lo conoce como «el santo patrono de las bibliotecas».

Se dice que Carnegie tenía dos razones importantes para apoyar el establecimiento de bibliotecas. Primero, creía que en Estados Unidos cualquier persona con acceso a los libros y con el deseo de aprender podía educarse a sí mismo y tener éxito, como él mismo lo había tenido. En segundo lugar, al haber sido él mismo un inmigrante, Carnegie sintió que las bibliotecas harían posible que los recién llegados adquirieran los conocimientos necesarios sobre la cultura del país.

Carnegie decía que la primera razón era la que más le importaba. Él recordaba su juventud, cuando trabajaba largas horas en Pittsburgh y no tenía acceso a la educación formal. Sin embargo, un comerciante retirado, el Coronel Anderson, le prestaba libros de su pequeña biblioteca a los niños locales, incluido Carnegie. Como más tarde escribió en homenaje a Anderson: «Esto no es más que un pequeño homenaje y solo da una pequeña idea de la profundidad de la gratitud que siento por lo que hizo por mí y por mis compañeros. Fue a partir de mi propia experiencia que decidí que no hay forma más productiva de invertir el dinero para bien de los niños y niñas, que tienen el bien dentro de ellos y la capacidad y la ambición de desarrollarlo, que la fundación de una biblioteca pública en una comunidad».

En 1911, Andrew Carnegie estableció la Carnegie Corporation de Nueva York, la que destinó al «avance y difusión del conocimiento y el entendimiento». Esta fue la última institución filantrópica fundada por Carnegie, y se dedicó a los principios de la «filantropía científica», invirtiendo en el progreso a largo plazo de la sociedad. El mismo Carnegie fue el primer presidente de la Corporación, a la que dotó perpetuamente de lo que restaba de su fortuna, unos u$s 135 millones, que debían utilizarse principalmente para promover la educación y la paz internacional. Si bien su objetivo principal era beneficiar a la gente de los Estados Unidos, Carnegie más tarde decidió usar una parte de los fondos para los miembros de la Commonwealth británica (todas las naciones que han formado parte en un momento u otro del Imperio Británico). Como fideicomisarios de la corporación, eligió a sus amigos y asociados de toda la vida, dándoles permiso para adaptar sus programas a los tiempos. «Las condiciones en la tierra cambian inevitablemente», escribió en *Deed of Gift*, «por lo tanto, ningún hombre sabio obligaría a los fideicomisarios para siempre a ciertos caminos, causas o instituciones… Se ajustarán mejor a mis deseos utilizando su propio juicio».

Al leer la historia de Carnegie es fácil pensar que ilustra otro valor: el de la generosidad. Sin embargo, si reflexionamos sobre su vida y su obra, podemos discernir que lo que movía a aquel gran hombre era un profundo sentimiento de gratitud por todo lo que había recibido, y una clara conciencia de su responsabilidad de usarlo para el bienestar de los demás.

APLICACIÓN PRÁCTICA

PROYECTO PERSONAL

El proyecto personal consiste en ayudar a cada joven a que pueda pensar cuáles de las diferentes conductas que muestran que la gratitud es un valor son reales en su vida cotidiana, y cuáles otras quieren priorizar para incorporarlas o desarrollarlas. Luego de realizar la autoevaluación individual, las siguientes preguntas pueden ayudarles en esa dirección:

1. De todas las conductas que expresan gratitud, ¿cuál o cuáles desearías incorporar o desarrollar en tu propia vida? (Elije una o dos como máximo, las que te parezcan prioritarias).

2. ¿Qué cosas prácticas crees que pueden ayudarte a desarrollar estas conductas?

3. ¿Cuándo lo vas a hacer?

4. ¿Cómo lo vas a hacer?

5. ¿A quién le vas a contar acerca del compromiso que has tomado para que te ayude a cumplirlo?

PROYECTO DE GRUPO

El Salmo 103 nos invita a dar gracias al Señor y a no olvidar ninguno de sus beneficios. Personalmente, creemos que el Padre nos insta a ser agradecidos, no porque Él precise nuestra gratitud, sino porque ser agradecidos es beneficioso para nosotros y aporta bendición a nuestras vidas. De todas maneras, vemos que desde hace ya tres mil años la Palabra del Señor nos invitaba a hacer cada día un recuento de todas las bendiciones recibidas y a dar gracias por ello.

En nuestra familia tenemos desde hace varios años algo que nos ayuda a poner en práctica ese principio. Le llamamos «Blessings Box» («Caja de bendiciones».) ¿En qué consiste? Es algo muy sencillo, simple y fácil de llevar a cabo. Tenemos una caja donde depositamos pequeños papeles en los que hemos escrito las bendiciones que vamos recibiendo del Señor día tras día. En ocasiones son cosas importantes, como por ejemplo la intervención del Padre en problemas económicos o de salud. En otras, son cosas más simples, como haber podido pasar tiempo con alguno de nuestros hijos, o haber recibido una palabra de ánimo de alguien cercano. Así, a lo largo del año, vamos llenando nuestra caja con las bendiciones recibidas. Luego, el día 31 de diciembre, tenemos un ritual que practicamos año tras año: leemos juntos todas y cada una de las bendiciones depositadas en nuestra caja, damos gracias al Señor por tanto beneficio derramado sobre nuestras vidas, y le agradecemos por su provisión, amor y misericordia. Es un momento muy importante en nuestras vidas, porque nos damos cuenta de cuánto hemos recibido de parte del Señor.

Quisiéramos animarlos a tener una «Caja de bendiciones» como grupo y a dedicar, de forma periódica, un tiempo en sus reuniones o en su clase para pensar, reconocer y escribir las bendiciones que recibieron de parte del Señor desde la última vez que se reunieron. Luego en alguna fecha señalada, que puede ser al final del año si trabajas con un grupo de jóvenes de una iglesia, o al final del curso escolar si estás trabajando en una escuela, abran esa caja, lean todas las bendiciones recibidas del Padre, y denle gracias por todo el bien que les ha otorgado.

Contentamiento

DEFINICIÓN

En primer lugar, como hemos hecho en otros capítulos, recurrimos al diccionario para ver cómo describe este valor. Esto es lo que hemos encontrado:

Satisfacción o agrado que siente una persona.

Profundizando un poco más, el diccionario añade:

Este vocablo viene del verbo activo transitivo «contentar» y del sufijo «miento» que indica acto, estado y efecto de.

Nos ha parecido significativa la idea de que el contentamiento es un estado; es como una actitud ante la vida, una forma de tomársela, una forma de afrontarla.

En psicología, el contentamiento es un estado mental o emocional de satisfacción que puede surgir de estar cómodo con la situación que estamos viviendo o experimentando, o también con nuestro cuerpo y nuestra mente. Esta satisfacción es una forma de felicidad más suave y calmada.

En resumen, la persona que experimenta contentamiento tiene una actitud y un estado de satisfacción, independientemente de la realidad que esté experimentando. Eso no significa que no exista un deseo de, a ser posible, cambiar las circunstancias, especialmente si son negativas. Sin embargo, el sentido de satisfacción no depende de que ese cambio se efectúe o no.

El contentamiento no debe ser confundido con la resignación. Esta última tiene una connotación más negativa, más de abandono, de sufrimiento, de paciencia, de soportar pasivamente, de impotencia.

El contentamiento viene de nuestro interior y no está relacionado con las circunstancias positivas o negativas que nos rodean. La persona que vive con contentamiento tiene una capacidad de encontrar satisfacción en la vida, no debido a las circunstancias, sino a pesar de las mismas. El apóstol Pablo es, probablemente, quien mejor lo define cuando, escribiendo a los filipenses, afirma:

«Sé lo que es vivir en la pobreza y lo que es vivir en la abundancia. He aprendido a vivir en cualquier circunstancia: tanto a quedar satisfecho como a pasar hambre, a tener de sobra como a sufrir por no tener nada. Todo lo puedo en Cristo que me da fortaleza». (Filipenses 4.12-13)

Aquí queremos que no pierdas de vista un detalle importante que menciona Pablo: la capacidad para tener esta actitud ante la vida le viene de Jesús. Ya volveremos más tarde sobre este punto.

El Nuevo Diccionario Bíblico nos explica el contentamiento de la siguiente manera:

No se trata de la aceptación pasiva del statu quo, sino la seguridad absoluta de que Dios ha suplido nuestras necesidades, y el consiguiente sentirse libre de todo deseo innecesario. El espíritu cristiano de contentamiento concuerda con el mandamiento fundamental de Ex. 20.17 que condena la codicia, los preceptos de Pr. 15.17 y 17.1, las exhortaciones de los profetas contra la avaricia (p. ej. Mi. 2.2), y en grado superlativo el ejemplo y las enseñanzas de Jesús, quien tuvo palabras de represión para el descontento que se aferra a las posesiones materiales con total negligencia de Dios (Lc. 12.13–21) y que recomendó una confianza tal en nuestro Padre celestial que anule toda suerte de ansiedad respecto a nuestras provisiones materiales (Mt. 6.25–32).

Así, el contentamiento es la ausencia de preocupación, ya sea sobre quiénes somos, qué tenemos o no tenemos, o cuál es nuestra condición en la vida. La naturaleza humana tiende al descontento, pero la Biblia nos enseña que debemos contentarnos con lo que tenemos:

Que la fiebre del dinero no se apodere de ustedes; conténtense con lo que tienen, ya que es Dios mismo quien ha dicho: Nunca te abandonaré; jamás te dejaré solo». (Hebreos 13.5, BLPH)

Nos parece interesante resaltar que este sentido de satisfacción en la vida no vendrá nunca del exterior (lo que tenemos o dejamos de tener) sino de nuestro interior (lo que somos en Cristo).

En definitiva, el contentamiento es un sentido de satisfacción con nuestra vida que proviene de la ausencia de preocupación por quiénes somos, qué tenemos o dejamos de tener, o cuál es nuestra condición.

ETIMOLOGÍA

Como ya mencionamos en la definición, «contentamiento» es la combinación del verbo *contentar* y el sufijo *miento,* que sirve para indicar un estado o actitud.

CONDUCTAS

Un valor, como el contentamiento, no deja de ser una simple palabra, un concepto teórico, hasta que lo practicamos. Cuando lo incorporamos a nuestra forma de vivir, ese valor se convierte en una virtud, que se expresa por medio de una serie de conductas.

Reflexiona sobre tu propia vida y completa la siguiente autoevaluación. Anota tu respuesta, eligiendo un número entre el 0 («esta conducta no está en absoluto presente en mi vida») y el 10 («esta conducta está totalmente incorporada en mi vida»). El resultado no solamente te dará una idea de cuán desarrollado está ese valor en tu vida, sino que también te dará pautas acerca de cómo puedes comenzar a trabajar para incorporarlo en caso de que sea necesario.

Recuerda que en la web de e625 encontrarás una copia de esta autoevaluación para que puedas imprimir tantas como necesites, y así cada joven de tu grupo pueda completarla de manera individual. Puedes buscarlas en **www.e625.com/lecciones.**

1. **Tengo la capacidad de disfrutar de lo que poseo, sin estar centrado en aquello de lo que carezco?**

   Queremos volver a enfatizar que el contentamiento no implica una renuncia a mejorar nuestra vida si esto es posible. El contentamiento significa que será magnífico si puedo lograr algo más, y me voy a esforzar por ello, pero lo haré sin que mi sentido de plenitud y satisfacción en la vida dependan de si mejoran mis condiciones o no.

   0   1   2   3   4   5   6   7   8   9   10

2. **¿Doy gracias a Dios en todas las circunstancias y situaciones, sean buenas o malas, sabiendo que Él puede usarlas para formar el carácter de Jesús en mi vida?**

En Romanos 8.28-29 leemos:

«Además, sabemos que si amamos a Dios, él hace que todo lo que nos suceda sea para nuestro bien. Él nos ha llamado de acuerdo con su propósito. A quienes Dios conoció de antemano, los destinó desde un principio para que sean como su Hijo, para que él sea el mayor entre muchos hermanos».

A menudo, este pasaje ha sido mal enseñado. Pablo no está diciendo que todas las cosas le saldrán bien a aquel que ama a Dios. No siempre todo sale bien. ¿Qué bien puede haber en la muerte de un hijo pequeño? Hay personas que tratan de suavizar las situaciones difíciles y duras de la vida diciéndoles a aquellos que sufren que, aunque ahora no lo entienden, algún día lo entenderán. Volvemos a insistir: ¿cómo puede ser posible entender que un niño sea atropellado por un conductor borracho?

Pablo afirma que todo colabora para el bien de los que aman al Señor. La clave aquí consiste en entender qué hay en la mente del apóstol cuando piensa en «el bien», y el versículo 29 nos los explica con total claridad. Ese bien consiste en reproducir en nosotros la imagen de su hijo Jesús. El mayor bien que el Padre quiere para nosotros no es que seamos felices (tal y como el mundo lo entiende) o que todo nos vaya bien en la vida (cosa que es imposible), sino que cada día nos parezcamos más y más a su hijo Jesús en nuestra manera de pensar y de vivir.

Así entendemos que Dios puede usar cualquier circunstancia, incluso las malas, y aun aquellas que son el resultado de nuestro propio pecado y desobediencia, para formar en nosotros a Jesús. Cuando comprendemos esto es que podemos dar gracias al Señor cualesquiera sean las circunstancias.

0   1   2   3   4   5   6   7   8   9   10

3. **¿Discierno entre mis necesidades legítimas y las presiones consumistas de la sociedad?**

Hay un descontento en el interior de todo ser humano que proviene de estar separados del Señor, de vivir al margen de Él, y las personas en general intentan llenar ese vacío con diversas cosas con las que creen que podrán satisfacerlo. La sociedad de consumo, plenamente consciente de ese descontento, ha generado toda una industria que nos promete que podremos tener sentido, plenitud, satisfacción y felicidad en la vida si tan solo podemos obtener el último producto que salió al mercado o vivir la última experiencia que han diseñado para vendernos. Sin embargo, nada de esto funciona. Escucha las palabras del Maestro:

«Cualquiera que beba de esta agua volverá a tener sed, pero el que beba del agua que yo le dé, no volverá a tener sed jamás, porque dentro de él esa agua se convertirá en un manantial del que brotará vida eterna». (Juan 4.13-14)

0   1   2   3   4   5   6   7   8   9   10

4. ¿Experimento la paz de saber que el Padre conoce todo lo que necesito?

Dios está comprometido con nuestras necesidades y promete estar presente con nosotros en todas las circunstancias. Él no se desentiende de nosotros ni de nuestras realidades. ¿Vives tú confiado en esa promesa?

0   1   2   3   4   5   6   7   8   9   10

5. ¿Promuevo la sostenibilidad de nuestro planeta, tomando acciones concretas para romper el ciclo de vivir más rápido, consumir más y destruir el medioambiente?

Muchas veces el contentamiento va en contra de lo que la sociedad de consumo quiere enseñarnos: usar, tirar, volver a comprar, y seguir siempre así, insatisfechos con lo que tenemos porque el «último modelo» es siempre mejor. Esto, además de ser dañino para nosotros y para nuestra economía personal, produce un desperdicio enorme de recursos a nivel global, y afecta también a la ecología y al medioambiente.

0   1   2   3   4   5   6   7   8   9   10

6. ¿Encuentro satisfacción y plenitud, no debido a, sino incluso a pesar de las circunstancias?

La satisfacción y el sentido en la vida vienen de nuestra relación con el Padre a través de Jesús. Él nos ha hecho hijos y herederos suyos. Al margen de lo que piense de nosotros la sociedad y de cómo esta nos valore, somos increíblemente importantes y valiosos para Dios,

0   1   2   3   4   5   6   7   8   9   10

UN EJEMPLO BÍBLICO

PABLO EN LA PRISIÓN

Una de las cartas más personales escritas por el apóstol Pablo es la que dirigió a los Filipenses. Cuando desarrollemos el valor de la generosidad, ya hablaremos sobre cuán importantes y significativos eran para Pablo estos seguidores de Jesús.

La iglesia en Filipos fue fundada por el apóstol Pablo en su segundo viaje misionero, registrado en Hechos 16.1-40. Pablo originalmente fue a Macedonia debido a una visión nocturna descrita en Hechos 16.9. En esta, Pablo vio a un hombre de Macedonia en pie y pidiéndole que viniera a ayudarlos. Pablo respondió, y así el evangelio se dirigió triunfalmente hacia el oeste, comenzando con Filipos como la primera ciudad evangelizada en Europa.

Es evidente que Pablo escribió esta carta desde la prisión (ver 1.13–14). Algunos han argumentado que este encarcelamiento tuvo lugar en Éfeso, tal vez alrededor de los años 53–55 de nuestra era; otros lo ubican en Cesarea, y entonces la fecha variaría al 57–59 DC. La mejor evidencia, sin embargo, favorece a Roma como el lugar de origen, y la fecha como alrededor del año 61 DC. Esto encajaría bien con el relato del arresto domiciliario de Pablo que aparece narrado en Hechos 28.14–31.

Cuando Pablo escribió su carta a los filipenses, no estaba en la prisión Mamertina (famosa prisión de Roma) como lo estaba cuando escribió 2 Timoteo. Estaba en su propia casa alquilada, en donde durante dos años tuvo la libertad de compartir el evangelio a todos los que acudían a él. Sin embargo, los estudiosos de la Biblia no se ponen de acuerdo acerca del lugar donde estaba encarcelado el apóstol. Las tres opciones mencionadas anteriormente tienen puntos a favor y en contra, y de ahí viene la falta de unanimidad entre los eruditos. De todos modos, lo único cierto es que el apóstol estaba encarcelado cuando escribió esta carta.

En el primer capítulo de su carta, Pablo explica las circunstancias que está experimentando en el momento de escribir a sus amados filipenses:

«Hermanos, quiero que sepan que lo que me ha pasado ha ayudado a anunciar el evangelio. Toda la guardia del palacio y todos los demás saben que estoy encadenado por causa de Cristo. Y al ver que estoy preso, la mayoría de los hermanos se ha atrevido, ahora más que nunca, a anunciar sin temor la palabra de Dios, confiando en el Señor.

Es cierto que algunos anuncian a Cristo por envidia y rivalidad, pero otros lo hacen con buenas intenciones. Estos últimos lo hacen por amor, porque saben que Dios me ha puesto para defender el evangelio. Los primeros anuncian a Cristo por interés personal y no por motivos puros, pues creen que así me harán sufrir más, ahora que estoy en la cárcel.

Pero, ¿qué importa? De cualquier manera, sea con motivos falsos o sinceros, se anuncia a Cristo. Por eso me alegro y me seguiré alegrando, porque sé que, gracias a las oraciones de ustedes y a la ayuda del Espíritu de Jesucristo, saldré libre. Mi gran deseo y esperanza es que no haga nada que me avergüence, sino que, con toda libertad, ya sea que viva o muera, le den la gloria a Cristo por medio de mí ahora como siempre. Porque para mí el vivir es Cristo y el morir es ganancia. Pero si el seguir viviendo en este mundo significa para mí que haré un buen trabajo, entonces no sé qué elegir. Realmente me es difícil elegir cualquiera de las dos posibilidades. Deseo morir y estar con Cristo, que es muchísimo mejor; pero por el bien de ustedes es aún conveniente que me quede en este mundo. Por eso, estoy convencido de que lo mejor es que me quede y continúe con todos ustedes para ayudarlos en el alegre crecimiento de su fe. Así, cuando yo vuelva, tendrán más razón para estar orgullosos de mí en Cristo Jesús». (Filipenses 1.12-26)

Estos versículos describen la situación del apóstol, que está encarcelado. Sin embargo, a pesar de todas esas circunstancias desfavorables, esta epístola ha sido denominada «la carta del gozo». Incluso muchos eruditos coinciden en afirmar que ese es el tema central de la carta. A lo largo de sus líneas (1.4; 1.18; 1.25; 2.2; 2.17; 2.18; 2.29; 3.1; 4.1; 4.4) una y otra vez aparecen las palabras «gozo», «gozarse» y «regocijarse», o «alegría» y «alegrarse», dependiendo de la versión de la Biblia que estés leyendo.

¿Cómo es posible que alguien en esas circunstancias hablara en esos términos? La razón la encontramos al final de la misma carta, explicada por el mismo Pablo:

«Me alegro mucho en el Señor de que al fin se han vuelto a interesar en mí. Por supuesto que tenían interés, sólo que no habían tenido la oportunidad de

demostrarlo. No lo digo porque esté necesitado, pues he aprendido a estar satisfecho en cualquier situación en que me encuentre. Sé lo que es vivir en la pobreza y lo que es vivir en la abundancia. He aprendido a vivir en cualquier circunstancia: tanto a quedar satisfecho como a pasar hambre, a tener de sobra como a sufrir por no tener nada. Todo lo puedo en Cristo que me da fortaleza». (Filipenses 4.10-13)

Pablo demuestra a lo largo de su carta, y especialmente, en estos versículos, su capacidad de vivir la vida con sentido y plenitud al margen de cuales fueran las circunstancias que estaba experimentando. Él disfruta de la abundancia cuando la hay, y no se queja de la escasez cuando esta, inevitablemente, llega a su vida. Y es, precisamente, el contentamiento la razón de esa actitud frente a la vida.

Pero queremos llamarte la atención sobre algo tremendamente importante. El apóstol indica que el contentamiento es algo que ha aprendido a *desarrollar* en su vida. Porque esa actitud frente a la realidad no es un don de Dios. Tampoco es algo que nos venga, por así decirlo, «de fábrica». No es equipamiento de serie con el que nacemos. Es algo que debemos aprender, debemos desarrollar, debemos ejercitar, del mismo modo que lo hacemos con un músculo o con cualquier habilidad que deseemos incorporar a nuestra vida.

De hecho, nuestro equipamiento de fábrica probablemente sea todo lo contrario: el descontento. Todos nosotros nacemos con una profunda insatisfacción que ha sido producida por el pecado, por nuestro deseo de vivir alejados de Dios, al margen de Él, independientes de su autoridad. Consecuentemente, nos pasamos la vida tratando de llenar y satisfacer esa insatisfacción. Cada ser humano, cada joven que tienes en tu grupo, cada alumno que tienes en tu aula, tú mismo, nosotros mismos, perseguimos cosas diferentes. Perseguimos aquello que creemos nos satisfará, o aquello que hemos identificado como una posible fuente de realización, plenitud y sentido. Además, vivimos en una sociedad de consumo que sabe perfectamente que tenemos un vacío existencial y de propósito que necesita ser satisfecho y, naturalmente, se aprovecha al máximo de ello. Nos ofrece todo tipo de productos, servicios y experiencias que, en la forma en que son presentados, nos prometen y casi nos garantizan la felicidad. Todos, sin embargo, sabemos que el efecto dura bien poco, y la insatisfacción pronto vuelve.

La sociedad nos invita a buscar el sentido, propósito y plenitud en el exterior (en experiencias, bienes, servicios, productos, etc.). Jesús nos invita a buscar estas cosas en una relación con Él, en una perspectiva eterna, en una identidad que no viene dada por nuestro estatus social, económico o político, sino por nuestra relación con el Padre que, como tantas veces ya hemos dicho, nos ama incondicionalmente, nos adopta como hijos y herederos y nos invita a unirnos a Él en la tarea de reconciliar y restaurar todo el universo. ¡Por eso Pablo podía hablar de sentido, plenitud, gozo, alegría, satisfacción y propósito en medio de las circunstancias tan penosas que estaba viviendo!

Ahora bien, ¿cómo podemos aprender nosotros a vivir con contentamiento? Estamos convencidos que se trata de un proceso. No te irás a dormir y al día siguiente te levantarás pleno de contentamiento. Más bien es algo que, como todo aprendizaje implicara tiempo y, en ocasiones, fallos y retrocesos. Sin embargo, deseamos ofrecerte algunos pasos prácticos que te serán de ayuda, a ti personalmente, y también a las muchachas y muchachos con los que trabajas.

El primer paso sería reconocer el descontento cuando aparece. ¿Por qué me siento así? ¿Qué es lo que me provoca esta situación emocional que estoy experimentando? Hay ocasiones en las que simplemente no nos sentimos bien. Estamos insatisfechos pero no sabemos por qué. ¡Ni siquiera sabemos identificar con claridad lo que nos está sucediendo! Nuestra sugerencia es esta: identifica el descontento. Ponle nombre y apellido. Trata de averiguar de dónde viene, y qué lo está provocando. Puede ser algo que no has conseguido, o algo que desearías tener pero por alguna razón no puedes, o una incapacidad de disfrutar de lo que tienes, o... hay muchas otras causas posibles. Descubre cuál es en tu caso.

El segundo paso consiste en hablar con el Señor, en tener con Él una conversación franca, libre y honesta. Explícale al Padre cómo te sientes. Dile todo lo que has podido clarificar después de haber aplicado el primer paso. Habla con el Señor incluso si tus emociones no están del todo claras, si no las puedes identificar con nitidez ¡No importa! Él conoce tu corazón, sabe lo que hay en él, y, lo que es mejor, ¡te conoce, te ama y no te juzga! Pídele que te ayude a reenfocar tu situación.

El tercer paso es cambiar el enfoque emocional, moviéndolo de lo que no tenemos, deseamos o echamos de menos, hacia aquello que somos y tenemos. ¿Cómo podemos hacerlo? Bueno, hay medidas prácticas que nos pueden ayudar en esto. Por ejemplo, desarrollar el hábito de darle gracias al Señor por todo lo que somos y tenemos. Cuando nos centramos en aquello que carecemos, es muy fácil olvidarnos de todos los beneficios y bendiciones recibidas del Señor. Hacer una lista exhaustiva de absolutamente todo lo que tenemos y podemos experimentar nos ayuda a desterrar esa actitud de ingratitud que, con frecuencia, se apodera de nuestras vidas. Vale la pena conservar esa lista, tenerla a mano y, cuando nos asalta la ingratitud y el descontento, usarla para dar de nuevo gracias al Señor por todo lo recibido. Ambas cosas, la lista y la acción de gracias, son increíbles antídotos contra la falta de contentamiento, y ayudan además a desarrollarlo. También la lección acerca de la gratitud puede darte recursos adicionales para completar este paso.

El cuarto paso es reconocer quiénes somos en Cristo. Si tener una relación personal con el Dios que ha creado y sustenta el universo, si ser su hijo y heredero, si colaborar con Él en ser un agente de reconciliación y restauración, si estar en el proceso de que el Padre vaya construyendo en ti la imagen y el carácter de su Hijo, si todo esto no te satisface, no te hace ver y vivir la vida con satisfacción, sentido, propósito, y contentamiento... entonces déjanos decirte con firmeza y cariño que no has entendido nada acerca de lo que significa seguir a Jesús, y que valdría la pena que te replantearas qué es lo que ser cristiano aporta a tu proyecto vital. Si la fe es únicamente un conjunto de normas, una colección de dogmas y creencias, una lista de cosas que debes hacer y, sobre todo, de aquellas que no puedes hacer, entonces no nos extraña que el seguir a Jesús provoque en ti más frustración que contentamiento. ¡Es el momento de que vuelvas a pensar qué significa realmente seguir al Maestro de Nazaret!

Por último, te aconsejamos que repitas estos pasos tantas veces como te sea necesario. Recuerda que estás en un proceso de aprendizaje y, precisamente, en eso consiste aprender: en repetir y repetir y repetir hasta que, con la persistencia, la paciencia, y la continuidad vamos adquiriendo una creciente maestría en aquella nueva habilidad que queremos incorporar en nuestras vidas.

PREGUNTAS PARA PENSAR

1. ¿Cómo reaccionas cuando las cosas te van mal en la vida?

2. ¿Cómo valorarías, del 0 al 10, tu grado de sentido y satisfacción en la vida? (Ya conoces lo que significan el 0 y el 10, ¿no es así?)

3. ¿Qué necesitarías para llegar a 10? ¿Qué te lo impide?

4. ¿Cómo podría ser posible que, como dice Pablo, «nos gocemos en todo momento»? ¿Qué pasa cuando vienen los tiempos difíciles, qué hemos de hacer?

5. ¿Qué cambiaría (en forma práctica) en tu vida si mañana dejaras de ser cristiano? ¿Qué reflexiones te produce tu propia respuesta a la pregunta anterior?

UN EJEMPLO CONTEMPORÁNEO

Creemos que la iglesia perseguida es un claro ejemplo contemporáneo de contentamiento. Los seguidores de Jesús en muchos países viven su fe con gozo, paz, dependencia y confianza en el Señor, no debido a las circunstancias amables y favorables en las que se encuentran, sino más bien todo lo contrario. Ellos hallan satisfacción y plenitud en la vida a pesar de la persecución, el dolor, el sufrimiento, el aislamiento social, económico y político, o el rechazo familiar que deben vivir y experimentar.

Queremos animarte a que involucres a tus jóvenes en un proceso de investigación (tal vez en grupos pequeños) acerca de la realidad de la iglesia perseguida a lo largo y ancho del mundo. El entender cómo viven su fe y su compromiso con Jesús personas de otros lugares del planeta, y los precios tan altos que deben pagar por ello, puede ser para ellos un desafío para su propia fe y una oportunidad para considerar la seriedad con la que ellos mismos siguen Jesús.

https://www.opendoorsusa.org es la página web de *Open Doors* (Puertas Abiertas), probablemente la organización más grande a nivel mundial dedicada a la ayuda de la iglesia perseguida. A pesar de que la página está en inglés, puede ser un buen punto de partida para la investigación. https://www.puertasabiertasal.org es la página de Puertas Abiertas para América Latina.

APLICACIÓN PRÁCTICA

PROYECTO PERSONAL

El proyecto personal consiste en ayudar a cada joven a que pueda pensar cuáles de las diferentes conductas que muestran que el contentamiento es un valor son reales en su vida cotidiana, y cuáles otras quieren priorizar para incorporarlas o desarrollarlas. Luego de realizar la autoevaluación individual, las siguientes preguntas pueden ayudarles en esa dirección:

1. De todas las conductas que expresan contentamiento, ¿cuál o cuáles desearías incorporar o desarrollar en tu propia vida? (Elije una o dos como máximo, las que te parezcan prioritarias).

2. ¿Qué cosas prácticas crees que pueden ayudarte a desarrollar estas conductas?

3. ¿Cuándo lo vas a hacer?

4. ¿Cómo lo vas a hacer?

5. ¿A quién le vas a contar acerca del compromiso que has tomado para que te ayude a cumplirlo?

PROYECTO DE GRUPO

Ustedes son un grupo de jóvenes o una clase en una escuela, y desarrollan su vida en un entorno, en un contexto único y singular. ¿De qué manera pueden, como grupo, vivir el contentamiento en ese entorno? ¿Qué significa, como grupo, vivir y demostrar contentamiento en medio del contexto en el que Dios los ha colocado? ¿Qué cosas prácticas podrían hacer o, por el contrario, dejar de hacer? (Recuerda lo que ya hemos comentado acerca de la importancia de involucrar a los jóvenes en el diseño y desarrollo del proyecto.)

DEFINICIÓN

El perdón es la remisión de la pena que una persona merece por una ofensa recibida o alguna deuda u obligación pendiente.

Wikipedia lo define de la siguiente manera:

> *El perdón es disculpar a otro por una acción considerada como ofensa, renunciando eventualmente a vengarse, o reclamar un justo castigo o restitución, optando por no tener en cuenta la ofensa en el futuro, de modo que las relaciones entre el ofensor perdonado y el ofendido perdonante no queden más o menos afectadas.*

> *El perdonante no «hace justicia» con su concesión del perdón, sino que acata la justicia al renunciar a la venganza, o al justo castigo o compensación, en aras de intereses superiores.*

> *El perdón no debe confundirse con el olvido de la ofensa recibida. Tampoco perdona quien no se siente ofendido por lo que otras personas considerarían una ofensa. Tampoco perdona quien deja de sentirse ofendido tras las explicaciones del presunto ofensor que hacen ver la inexistencia originaria de ofensa alguna.*

> *El perdón es obviamente un beneficio para el perdonado, pero también sirve al perdonante (que también está interesado en ver recompuestas total o parcialmente sus relaciones con el ofensor y en ocasiones cumple al perdonar una obligación moral o religiosa) y a la sociedad, pues contribuye a la paz y cohesión sociales y evita espirales de venganzas, motivo por el que religiones y diversas corrientes filosóficas lo recomiendan.*

Desde el punto de vista bíblico, perdonar es el acto de eximir a un ofensor. Adelantando un poco la etimología de la palabra, en la Biblia, la palabra griega que traducimos como «perdón» significa literalmente «dejar ir», como cuando una persona no exige el pago de una deuda. Jesús usó esta comparación cuando enseñó a sus seguidores a orar: «Y perdónanos nuestros pecados, porque también nosotros perdonamos a todos los que nos deben» (Lucas 11.4, RVR60). Del mismo modo, en su parábola del siervo despiadado, Jesús comparó el perdón con la cancelación de una deuda (Mateo 18.23-35).

La Biblia enseña que el amor desinteresado es la base del verdadero perdón, ya que el amor «no tiene en cuenta la lesión» (1 Corintios 13.4-5). Perdonamos a los demás cuando dejamos ir el resentimiento y renunciamos a cualquier reclamación para ser compensados por el daño o la pérdida que hemos sufrido.

La Biblia también nos enseña que el perdón que Dios nos ha otorgado por medio de Jesús es lo que nos debe mover a nosotros a perdonar a otros que nos han ofendido o causado daño:

> *«Sopórtense unos a otros y perdonen a quienes se quejen de ustedes. Si el Señor los perdonó, ustedes están obligados a perdonar». (Colosenses 3.13)*

Ahora bien, creemos que tan importante como entender *qué* es el perdón es la comprensión de lo que *no es* desde el punto de vista bíblico. Perdonar no es:

- Condonar (dispensar) la ofensa. La Biblia en realidad condena a los que afirman que las malas acciones son inofensivas o aceptables (Isaías 5.20).

- Pretender que la ofensa nunca ocurrió. Dios perdonó al rey David de los graves pecados que cometió (recordemos el adulterio con Betsabé, la muerte premeditada de Urías, el militar hitita, y la elaboración de un censo de la población), pero no protegió a David de las consecuencias de sus acciones. Dios incluso hizo registrar los pecados de David para que sean recordados hoy (2 Samuel 12.9-13).

- Permitir que otros se aprovechen de ti. Supongamos, por ejemplo, que le prestas dinero a alguien, pero él lo desperdicia y luego no puede pagarte como te había prometido. Lo siente mucho y se disculpa contigo. Puedes elegir perdonarlo no albergando resentimiento, no recordándole el asunto continuamente, y quizás, incluso cancelando la deuda por completo. Sin embargo, también puede elegir, además de todo eso, no prestarle más dinero. (Salmo 37.21; Proverbios 14.15 y 22.3; Gálatas 6.7)

- Perdonar de forma unilateral. Jesús nos pidió que perdonáramos a aquellos que nos han hecho mal como premisa para que nosotros mismos podamos experimentar su perdón (Mateo 6.14-15). Más adelante volveremos a hablar sobre este punto, su importancia y su significado.

- «Perdonar» todas las «ofensas» que percibimos. A veces, en lugar de perdonar a un supuesto ofensor, es posible que tengamos que admitir que, en primer lugar, no tenemos una causa válida para ofendernos. Tal vez somos demasiado sensibles, tenemos la piel muy fina y nos ofendemos con asombrosa rapidez por cosas sin importancia. La Biblia dice:

«Controla tu carácter, porque el enojo es el distintivo de los necios». (Eclesiastés 7.9, NTV)

En definitiva, el perdón es el acto unilateral de dejar ir los sentimientos de amargura, resentimiento, rencor, o el deseo de venganza hacia una persona o grupo que nos ha hecho daño.

ETIMOLOGÍA

La palabra «perdón», o «perdonar», proviene del latín y está compuesta de *per* (que indica una acción completa y total) y *donare* (que significa regalar). En su origen, el verbo perdonar significaba literalmente regalar, por parte del acreedor, aquello que el deudor le debía.

Hemos visto anteriormente que en griego, el idioma en que está escrito en su origen el Nuevo Testamento, la palabra «perdón», o «perdonar», significa literalmente «dejar ir», y esto incluye tanto la deuda contraída como los sentimientos negativos que la ofensa puede haber generado.

CONDUCTAS

Un valor, como el perdón, no deja de ser una simple palabra, un concepto teórico, hasta que lo practicamos. Cuando lo incorporamos a nuestra forma de vivir, ese valor se convierte en una virtud, que se expresa por medio de una serie de conductas.

Reflexiona sobre tu propia vida y completa la siguiente autoevaluación. Anota tu respuesta, eligiendo un número entre el 0 («esta conducta no está en absoluto presente en mi vida») y el 10 («esta conducta está totalmente incorporada en mi vida»). El resultado no solamente te dará una idea de cuán desarrollado está ese valor en tu vida, sino que también te dará pautas acerca de cómo puedes comenzar a trabajar para incorporarlo en caso de que sea necesario.

Recuerda que en la web de e625 encontrarás una copia de esta autoevaluación para que puedas imprimir tantas como necesites, y así cada joven de tu grupo pueda completarla de manera individual. Puedes buscarlas en **www.e625.com/lecciones.**

1. Cuando me es difícil perdonar, ¿reflexiono y medito sobre el perdón que Dios me ha otorgado por medio de Jesús, para así poder generar la fuerza espiritual necesaria para perdonar?

Ya hemos citado Colosenses 3.13 como la fuente de nuestra fuerza espiritual para poder otorgar el perdón a aquellos que nos han hecho daño. (Más adelante volveremos sobre este asunto.)

0   1   2   3   4   5   6   7   8   9   10

2. ¿Gestiono con el Señor el dolor que me impide otorgarle perdón a otros?

El dolor puede ser una gran barrera para perdonar a aquellos que nos han infringido un sufrimiento. El dolor no debe ser ignorado, pero debe ser gestionado, procesado, en diálogo con Dios.

0   1   2   3   4   5   6   7   8   9   10

3. ¿Trabajo con el Señor el orgullo que me impide pedir perdón cuando les he hecho daño a otros?

Este es similar al punto anterior. En ocasiones, somos conscientes de que hemos dañado a otra persona, ya sea con intencionalidad o sin ella. Y sabemos que es necesario pedir perdón. Sin embargo, el orgullo puede impedirnos hacerlo. Éste, como el dolor, debe ser gestionado en diálogo con el Señor.

0   1   2   3   4   5   6   7   8   9   10

4. ¿Perdono tanto si me piden perdón como si no lo hacen?

El perdón es unilateral (aunque el ofensor no pida perdón) e incondicional (aunque el ofensor no lo merezca). Perdonamos porque así nos lo pide el Señor. Lo hacemos porque imitamos a Jesús, quien antes nos perdonó a nosotros. Y lo practicamos porque de ese modo somos libres del rencor, la amargura, el resentimiento y el deseo o necesidad de venganza y, por tanto, podemos vivir vidas más sanas emocional y espiritualmente.

0   1   2   3   4   5   6   7   8   9   10

UN EJEMPLO BÍBLICO

JESÚS

El Maestro enseñó en varias ocasiones acerca del perdón y de su importancia en la vida de toda persona, y muy especialmente en la de aquellos que se identifican como seguidores suyos. Sin duda el pasaje clave acerca del perdón es la conocida parábola de los dos deudores:

«Pedro, acercándose entonces a Jesús, le preguntó:

— Señor, ¿cuántas veces he de perdonar a mi hermano si me ofende? ¿Hasta siete veces?

Jesús le contestó:

— No te digo hasta siete veces, sino hasta setenta veces siete.

Y es que el reino de los cielos puede compararse a un rey que quiso hacer cuentas con la gente que tenía a su servicio. Para empezar, se le presentó uno que le debía diez mil talentos. Y como no tenía posibilidades de saldar su deuda, el amo mandó que los vendieran como esclavos a él, a su esposa y a sus hijos junto con todas sus propiedades, para que así saldara la deuda. El siervo cayó entonces de rodillas delante de su amo, suplicándole: «Ten paciencia conmigo, que yo te lo pagaré todo». El amo tuvo compasión de su siervo; le perdonó la deuda y lo dejó ir libremente.

Pero, al salir, aquel siervo se encontró con uno de sus compañeros, que le debía cien denarios. Lo sujetó violentamente por el cuello y le dijo: «¡Págame lo que me debes!». Su compañero se arrodilló delante de él, suplicándole: «Ten paciencia conmigo, que yo te lo pagaré». Pero el otro no quiso escucharlo, sino que fue y lo hizo meter en la cárcel hasta que liquidara la deuda. Los demás siervos, al ver todo esto, se sintieron consternados y fueron a contarle al amo lo que había sucedido. Entonces el amo hizo llamar a aquel siervo y le dijo: «Siervo malvado, yo te perdoné toda aquella deuda porque me lo suplicaste; en cambio tú no has querido compadecerte de tu compañero como yo me compadecí de ti». Y, encolerizado, el amo ordenó que fuera torturado hasta que toda la deuda quedara saldada. Esto mismo hará mi Padre celestial con aquel de vosotros que no perdone de corazón a su hermano». (Mateo 18.21-35, BLPH)

De esta enseñanza de Jesús podemos rescatar algunos principios importantes:

En primer lugar, observamos que la base para perdonar a otros es, tal como lo hemos visto anteriormente, el perdón que Dios nos ha concedido a nosotros.

En segundo lugar, nos dice que el perdón que otorgamos a otros es la condición para que nosotros podamos experimentar el perdón de Dios en nuestras propias vidas.

En tercer lugar, vemos que el perdón se debe otorgar una y otra vez, y si fuera necesario «hasta setenta veces siete». Esta expresión, en los tiempos de Jesús, representaba un número ilimitado de veces.

Seamos realistas, perdonar no es fácil. Una de las causas que puede impedirnos perdonar a otros es el dolor que la ofensa nos ha provocado. Ese dolor puede ser físico, emocional, espiritual, social o una combinación de todos ellos. El dolor puede estar tan presente y la herida todavía abierta y sin cicatrizar, que se hace verdaderamente difícil poder otorgar el perdón al ofensor. Y resulta más difícil aun cuando el ofensor ni siquiera nos ha pedido perdón, cuando ignora el daño que nos ha causado o incluso se ufana y presume de haberlo hecho. Si resulta difícil perdonar al que pide perdón, es más difícil aún hacerlo con aquel que no lo pide. Sin embargo, la Biblia nos enseña que el perdón es algo que nosotros debemos otorgar de manera unilateral, tanto si el ofensor lo pide como si no lo hace, tanto si el ofensor lo merece como si no lo merece.

Jesús nos enseñó que si nosotros no perdonamos a aquellos que nos han ofendido, tampoco podremos experimentar el perdón de Dios en nuestras vidas.

> *«Porque, si ustedes perdonan a los demás el mal que les hayan hecho, también les perdonará a ustedes el Padre celestial. Pero, si no perdonan a los demás, tampoco el Padre les perdonará los pecados que hayan cometido». (Mateo 6.14-15, BLPH)*

Hubo un tiempo en que pensábamos que Dios era muy duro con la persona que había sido víctima de la ofensa. Además del dolor que experimentaba a causa de la ofensa, el Señor le estaba advirtiendo que no habría perdón para ella o él, a menos que perdonara a su ofensor.

Pero luego entendimos cuál era el propósito de Dios. Al ser tan terminante en cuanto a la necesidad de perdonar como condición para ser a la vez perdonados, Jesús está buscando liberarnos de la amargura y el resentimiento que generaría la ofensa si no la perdonáramos. Porque a menos que nos liberemos de esos sentimientos negativos tan potentes, ellos pueden arruinar nuestra vida, corroerla por dentro y convertirnos en personas infelices.

Mientras esos sentimientos destructivos estén dentro de nosotros, el ofensor sigue teniendo poder y control sobre nuestra vida. Al pedirnos que perdonemos, el Maestro está proveyendo una salida para la amargura interna, y protegiéndonos a la vez de la influencia externa. El perdón nos proporciona sanidad mental, emocional y espiritual, y nos libera de la dependencia al ofensor.

El arzobispo anglicano Desmond Tutu, uno de los artífices junto con Nelson Mandela de la pacífica transición de una situación de segregación racial hacia una democracia plena en Sudáfrica, afirma:

> *«Si puedes encontrar en ti mismo el perdón, entonces ya no estás encadenado al perpetrador».*

Perdonar no significa quitarle importancia a la ofensa. No significa justificarla ni negar o ignorar el dolor que nos ha producido, sino impedir que éste nos controle y domine. Tampoco implica olvidar, sino lograr que ya no tenga el poder para hacernos sufrir ni genere en nosotros rencor, amargura, resentimiento o necesidad de venganza. Puede suceder que la relación con el ofensor nunca vuelva a ser la misma que antes de la ofensa, especialmente si la persona nunca ha pedido perdón, pero el acontecimiento ya no tendrá la capacidad de afectarnos negativamente.

Ahora bien, es grande la dificultad para perdonar cuando el dolor todavía está presente y las heridas recibidas aún nos hacen sufrir. ¿Cómo se puede superar esa situación? No es fácil y puede llevar un cierto tiempo. No estamos diciendo que el tiempo todo lo cura, porque, si no se gestiona bien, el tiempo puede llegar a agravar las cosas. ¿De qué estamos, pues, hablando? Nos referimos al tiempo que requiere el proceso a aplicar de forma intencional y proactiva, y que consiste en tres pasos.

El primer paso es reconocer nuestras emociones negativas, aceptarlas, ponerles nombre y apellido. Debemos identificar la emoción que estamos experimentando: si es rabia, amargura, resentimiento, rencor, frustración, o algún otro sentimiento.

El segundo paso es echar todas esas emociones sobre Dios. Si las retenemos en nuestro interior nos envenenarán. ¡Literalmente corroerán nuestra alma! Pero el Señor puede comprenderlas. Podemos descargarlas en Él, siendo total y absolutamente honestos acerca de lo que sentimos, y con la seguridad de que no seremos juzgados por ello. Si imaginamos dentro de nosotros un recipiente lleno de esas emociones negativas, podemos entender que el proceso de vaciar el contenido depositándolas en Dios puede requerir cierto tiempo. En la práctica esto significa que cada vez que esas emociones nos asalten, en lugar reprimirlas o de permitir que nos controlen, se las entregamos al Señor.   De este modo, con el transcurso del tiempo, llegará un momento en el cual el recipiente quedará vacío.

El tercer paso es meditar acerca del perdón que Dios nos ha otorgado por medio de Jesús. Pensar en el Cristo que ha sufrido por nosotros para ganar nuestro perdón puede ser la fuente de motivación para superar el dolor y poder perdonar.

Ahora bien, al referirnos a las enseñanzas del Maestro acerca del perdón, no podemos dejar de hablar también acerca de la necesidad de pedir perdón. Podemos suponer que los pasajes que acabamos de analizar son reversibles. ¿Qué queremos decir con esto? Que serían válidos tanto para el que se niega a perdonar como para el que se niega a pedir perdón. Si nos resistimos a reconocer nuestras ofensas y a pedir perdón, tampoco podremos experimentar el perdón de Dios en nuestra vida, porque lo estaríamos bloqueando con nuestra actitud.

Cuando hemos ofendido a alguien debemos tomar la iniciativa y pedir perdón. Es lo que el Señor espera de nosotros. Y si alguien siente que lo hemos ofendido, aunque esa no hubiera sido nuestra intención, igualmente debemos pedir perdón por haberlo herido sin darnos cuenta.

Así como el dolor puede dificultarnos el perdonar, el orgullo, el amor propio, la arrogancia o la vanidad pueden dificultarnos el pedir perdón. Lo podríamos sentir como una derrota o una humillación. Nuevamente, el perdón que Jesús nos ha otorgado ha de ser la motivación para tomar la iniciativa y pedir perdón a aquel a quien hemos ofendido.

No podemos dejar de resaltar que no es suficiente reconocer nuestro pecado o falta delante de Dios, sino que necesariamente hemos de pedir perdón a la persona ofendida. Debemos saber también que, cuando ello resulte posible, además de pedir perdón deberíamos hacer restitución o reparación del daño causado.

A punto de morir, clavado ya en la cruz del calvario, nuestro Maestro siguió dando el ejemplo:

«Jesús dijo:

—Padre, perdónalos porque no saben lo que hacen.

Mientras, echaban suertes para ver quién se quedaba con la ropa de Jesús». (Lucas 23.34)

Jesús, no se limitó a enseñarnos acerca del perdón, sino que supo perdonar y encarnar ese valor en su vida.

PREGUNTAS PARA PENSAR

1. ¿Cómo te has sentido cuando alguien te ha ofendido o te ha causado algún daño? ¿Qué emociones experimentaste? Haz una lista de todas las emociones vinculadas con el dolor y el sufrimiento de cuando alguien te ofende o te hiere.

2. ¿Qué crees que podría suceder si no gestionas todas esas emociones de forma adecuada? ¿Cómo podrías gestionarlas?

3. Cuando hieres, ofendes, o lastimas a alguien, ¿te resulta fácil o difícil pedir perdón?

4. ¿Qué crees que podría suceder si no gestionas ese orgullo de forma adecuada? ¿Cómo podrías gestionarlo?

5. ¿Hay alguien a quien deberías pedirle perdón? ¿Cómo lo vas a hacer? ¿Cuándo lo vas a hacer?

6. ¿Cómo te has sentido cuando alguien te ha perdonado? ¿Qué emociones experimentaste?

7. ¿Qué crees que podría suceder si no perdonas a otros?

8. ¿Hay alguien a quien deberías perdonar? ¿Cómo lo vas a hacer? ¿Cuándo lo vas a hacer?

UN EJEMPLO CONTEMPORÁNEO

CORRIE TEN BOOM

El 28 de febrero de 1944 la familia holandesa Ten Boom fue apresada por los nazis por ayudar y proteger a judíos en su propia casa. La única sobreviviente del campo de concentración a donde los llevaron fue Corrie Ten Boom.

Posteriormente a su liberación, en 1947, ella se encontraba dando una charla en una iglesia en Berlín, Alemania, sobre el perdón y la misericordia. Cuando terminó, un hombre se le acercó y le preguntó si lo reconocía.

De repente, ella reconoció aquel rostro. Era un exguardia del campo de concentración donde había estado prisionera. Este hombre había sido uno de los guardianes más crueles en aquel sitio de exterminio nazi. El hombre le comentó que ahora era cristiano y que comprendía que había sido perdonado por Dios por los pecados que había cometido. El exguardia le había pedido a Dios que con Su gracia le concediera la oportunidad de poder pedirle perdón a una de sus víctimas. Ahora estaba frente a ella con la mano extendida, pidiéndole perdón.

En un primer instante, Corrie no pudo perdonarlo. Revivió el gran dolor que sintió cuando aquel hombre asesinó a su hermana Betsy, pocos días antes de que el ejército aliado lograra liberar a los judíos de aquel sitio.

Sin embargo, después del primer impacto, ella recordó las palabras de Jesús:

> *«Pero, si no perdonan a los demás, tampoco el Padre les perdonará los pecados que hayan cometido».* (Mateo 6.15, BLPH)

Corrie comprendió que si no perdonaba a ese hombre, tampoco ella tenía perdón. ¡Pero ella sólo podía sentir en su corazón odio! ¡No tenía dentro suyo el amor suficiente como para perdonarlo! Al momento siguiente, vinieron a su mente las siguientes palabras:

«...*Dios llenó nuestros corazones de su amor por medio del Espíritu Santo que él mismo nos dio*». *(Romanos 5.5)*

En ese instante dio gracias a Dios, porque entendió que Su amor era más grande que cualquier odio o rencor. Corrie se sintió libre y, durante un largo rato, se estrecharon las manos el antiguo guardia y la antigua prisionera. Una fuerza de amor invadió todo su cuerpo, y ella la sintió correr hasta su brazo. Fue una experiencia nueva que la dejó asombrada. «*Yo nunca había sentido el océano infinito del amor de Dios de esa manera, hasta que perdoné a mis enemigos*», diría tiempo después.

Corrie vivió hasta los 91 años. Escribió varios libros autobiográficos, dio conferencias por todo el mundo, y abrió centros de rehabilitación para las víctimas de la guerra. Hablando sobre su experiencia en el trabajo con las personas que lograron sobrevivir al holocausto, cierta vez dijo: «*Aquellos que fueron capaces de perdonar son los que mejor pudieron reconstruir sus vidas*».

APLICACIÓN PRÁCTICA

PROYECTO PERSONAL

El proyecto personal consiste en ayudar a cada joven a que pueda pensar cuál/es de las diferentes conductas que muestran que el perdón es un valor son reales en su vida cotidiana, y cuáles otras quieren priorizar para incorporarlas o desarrollarlas. Luego de realizar la autoevaluación individual, las siguientes preguntas pueden ayudarles en esa dirección:

1. De todas las conductas que expresan perdón, ¿cuál o cuáles desearías incorporar o desarrollar en tu propia vida? (Elije una o dos como máximo, las que te parezcan prioritarias).

2. ¿Qué cosas prácticas crees que pueden ayudarte a desarrollar estas conductas?

3. ¿Cuándo lo vas a hacer?

4. ¿Cómo lo vas a hacer?

5. ¿A quién le vas a contar acerca del compromiso que has tomado para que te ayude a cumplirlo?

PROYECTO DE GRUPO

Ustedes son un grupo de jóvenes o una clase en una escuela, y desarrollan su vida en un entorno, en un contexto único y singular. ¿De qué manera pueden, como grupo, vivir el perdón en ese entorno? ¿Qué significa, como grupo, vivir y demostrar perdón en medio del contexto en el que Dios los ha colocado? ¿Qué cosas prácticas podrían hacer o, por el contrario, dejar de hacer? (Recuerda lo que ya hemos comentado acerca de la importancia de involucrar a los jóvenes en el diseño y desarrollo del proyecto).

LECCIÓN 06 Compasión

DEFINICIÓN

Aunque el título de esta lección es «Compasión», trataremos en realidad dos conceptos: compasión y misericordia. Somos conscientes de que la misericordia y la compasión son dos cosas diferentes. Sin embargo, los matices que las distinguen son muy sutiles y, en ocasiones, difíciles de percibir, porque tienen que ver con motivaciones y actitudes internas, aunque las conductas sean similares. Por eso, a efectos pedagógicos, hemos decidido unir ambos valores y explicarlos como uno solo.

El diccionario de la lengua de la Real Academia Española define «misericordia» del siguiente modo:

> *Virtud que inclina el ánimo a compadecerse de los sufrimientos y miserias ajenos. Inclinación a sentir compasión por los que sufren y ofrecerles ayuda.*

Otra definición, muy similar a la anterior, dice así:

> *La misericordia es la capacidad de sentir compasión por los que sufren y brindarles apoyo.*

Observa que, para definir «misericordia», en ambos casos se usa la palabra «compasión». También vemos que en ambos casos el sentimiento mueve a la acción.

En ocasiones, la palabra misericordia es confundida con lástima, lo cual es un error, ya que lástima es enternecimiento y conmiseración provocados por los males de otras personas. Es decir, es un sentimiento temporal y no procura una acción para finalizar con los problemas de los demás. En cambio la misericordia es la capacidad de sentir la desdicha de otros y ofrecerles ayuda. Es muy importante la diferencia entre misericordia y lástima, porque la primera nos lleva a la acción, mientras que la segunda no.

Acerquémonos ahora a la palabra «compasión». Veamos de qué modo la explica el diccionario:

Sentimiento de pena, de ternura y de identificación ante los males de alguien.

Creemos oportuno adelantar aquí la etimología de la palabra compasión, ya que nos permitirá comprender mejor su significado. Leemos en Wikipedia:

La compasión proviene del latín cumpassio, que es un calco de tipo semántico o traducción literal del vocablo del idioma griego, συμπάθεια (simpatía), palabra compuesta por dos elementos συν + πάσχω = συμπάσχω, literalmente «sufrir juntos», «tratar con las emociones». Es un sentimiento humano que se manifiesta desde el contacto y la comprensión del sufrimiento de otro ser. Más intensa que la empatía, la compasión es la percepción y la compenetración con el sufrimiento del otro.

De nuevo queremos recalcar cuán fácilmente pueden confundirse ambos valores, compasión y misericordia. Podemos distinguirlos claramente de la lástima, pero tan solo sutilmente entre ellos.

Para esto, tal vez pueda ayudarnos el pensar que, mientras la compasión se mueve en la esfera de los sentimientos, la misericordia se mueve en la de las acciones. Podríamos también afirmar que la primera necesariamente debería llevar a la persona a la segunda. La compasión que no da frutos de misericordia es, sencillamente, pura lástima.

En Jesús vemos que ambas cosas siempre van de la mano. Nos dicen los evangelios que Jesús, al ver a las multitudes, sintió compasión de ellas. A la vez, es evidente que eso lo movió a misericordia, porque Él hizo todo lo que estuvo a su alcance para paliar las necesidades del pueblo, tanto las espirituales como las materiales.

Un interesante artículo aparecido en la revista digital *U.S.Catholic, faith in real life* (https://www.uscatholic.org) hace una distinción entre compasión y misericordia que creemos puede serte de utilidad:

Las palabras misericordia y compasión a menudo se usan como sinónimos para referirse a la preocupación que tenemos por las personas necesitadas. Incluso en la Biblia, rara vez usamos estas palabras con mucha precisión. Por ejemplo, Lucas 6.36 a veces se traduce como «Sé misericordioso como Dios es misericordioso» o como «Sé compasivo como Dios es compasivo», dependiendo de las diferentes versiones.

Pero aunque el significado de las palabras puede superponerse, tienen connotaciones ligeramente diferentes. La compasión proviene de las dos palabras latinas com (con) y pati (sufrir). Literalmente significa «sufrir con». La compasión nos ayuda a sentir algo de lo que siente la persona que sufre para que, en cierto sentido, podamos viajar con ellos. María al pie de la cruz, sufriendo con su hijo, es un modelo de compasión.

Por otro lado, la palabra inglesa mercy [misericordia en castellano] proviene del latín merces, que significa «precio» o «salario». Mercy no connota igualdad, sino disparidad. Se utiliza para referirse a nuestras acciones en respuesta a la necesidad de otro: ofrecer ayuda, cancelar deudas, o no pedir cuentas. «Mostrar misericordia» implica estar en una posición de poder sobre otro. En las Escrituras, los ricos y poderosos están llamados a mostrar misericordia a la viuda y al huérfano. En la parábola del siervo despiadado (Mateo 18.21–35), el amo muestra misericordia al perdonar las deudas. La misericordia ofrece mayor amabilidad que la que exige la justicia.

En definitiva, la compasión es un sentimiento de pena y ternura por los males de alguien, que nos mueve a la misericordia, es decir a tomar acciones para eliminar o aliviar esa situación.

ETIMOLOGÍA

En las líneas anteriores ya hemos hablado de origen de ambas palabras, por tanto, no lo vamos a hacer aquí.

CONDUCTAS

Un valor, como la compasión o la misericordia, no deja de ser una simple palabra, un concepto teórico, hasta que lo practicamos. Cuando lo incorporamos a nuestra forma de vivir, ese valor se convierte en una virtud, que se expresa por medio de una serie de conductas.

Reflexiona sobre tu propia vida y completa la siguiente autoevaluación. Anota tu respuesta, eligiendo un número entre el 0 («esta conducta no está en absoluto presente en mi vida») y el 10 («esta conducta está totalmente incorporada en mi vida»). El resultado no solamente te dará una idea de cuán desarrollado está ese valor en tu vida, sino que también te dará pautas acerca de cómo puedes comenzar a trabajar para incorporarlo en caso de que sea necesario.

Recuerda que en la web de e625 encontrarás una copia de esta autoevaluación para que puedas imprimir tantas como necesites, y así cada joven de tu grupo pueda completarla de manera individual. Puedes buscarlas en **www.e625.com/lecciones.**

1. **¿Tengo la capacidad para identificar y sentir la miseria, el sufrimiento y el dolor ajenos? (El sufrimiento como dimensión emocional, y el dolor como dimensión física).**

   El dolor y el sufrimiento de los demás, su situación y sus necesidades, no deben resultarnos indiferentes; no debemos volver la vista en otra dirección, ni tampoco debemos considerar que la responsabilidad de restaurar y reconciliar un mundo afectado por el pecado sea de otros, sino nuestra propia, como colaboradores de Dios en el ministerio.

   0   1   2   3   4   5   6   7   8   9   10

2. **¿Soy alguien que no hace acepción de personas, y que se abstiene de juzgar si el sufrimiento o el dolor son «merecidos» o no?**

   El dolor, el sufrimiento y las injusticias que existen en el mundo son consecuencia del pecado. En ocasiones, no solamente los otros, sino también nosotros mismos, sufrimos las consecuencias de nuestras malas decisiones y/o acciones. Sin embargo, Dios no deja de tener compasión y misericordia hacia nosotros. Él no considera que sea justo que suframos y, por lo tanto, no se desentiende. ¡Esa misma actitud espera de nosotros como hijos suyos!

   0   1   2   3   4   5   6   7   8   9   10

3. **¿Respondo ante el sufrimiento y la miseria humana como una responsabilidad de obediencia al Señor?**

   Jesús, con su ministerio, demostró que cuando el Reino de Dios se hace presente, se alivia y mitiga el dolor y el sufrimiento que son consecuencia del pecado. Nosotros, como colaboradores de Dios, debemos unirnos a Él en este ministerio de compasión y misericordia.

0   1   2   3   4   5   6   7   8   9   10

4. **¿Es Mateo 25 mi guía de acción? ¿Entiendo que en el necesitado y en el que sufre me encuentro con Jesús?**

¡Esta enseñanza bíblica es muy potente! Jesús nos dice que, en última instancia, la compasión y la misericordia, o la falta de ellas, aunque estén dirigidas al prójimo son, en última instancia, una atención o desatención que le hacemos al mismísimo Señor.

0   1   2   3   4   5   6   7   8   9   10

5. **¿Apoyo todas las iniciativas, sean promovidas o no por seguidores de Jesús, que tienen como finalidad aliviar el dolor y el sufrimiento de las personas?**

Al ser nuestro Dios compasivo y misericordioso, todo aquel que obra mostrando estas dos virtudes está alineado con el Señor (ya sea de forma consciente o inconsciente). Por lo tanto, nosotros deberíamos colaborar y apoyar, en la medida que esté a nuestro alcance, las iniciativas que se muevan en este sentido.

0   1   2   3   4   5   6   7   8   9   10

UN EJEMPLO BÍBLICO

JONÁS

El profeta Jonás es un claro ejemplo de falta de compasión. En ocasiones podemos comprender mejor un concepto a partir de su opuesto: Jonás es la antítesis de Jesús. El mostró desinterés e indiferencia ante las debilidades humanas, mientras que Jesús se involucró hasta las últimas consecuencias.

En tiempos de Jonás, Nínive era una ciudad que rebosaba maldad, por lo cual era merecedora del castigo de Dios. Él ya había decidido destruirla y le encomendó al profeta ir allí y advertirle acerca del castigo que caería sobre ella. Verdaderamente eso era lo que los ninivitas se merecían. Para Jonás, esta era la retribución justa por una conducta que había llegado a colmar la paciencia de Dios.

Sin embargo el Señor, que es compasivo y misericordioso, se conmueve ante nuestras debilidades y miserias, y no actúa como lo haría la justicia humana. El libro de

Éxodo describe uno de los encuentros poderosos de Moisés con Dios, en el cual éste recibió la siguiente revelación:

«Y Jehová descendió en la nube, y estuvo allí con él, proclamando el nombre de Jehová. Y pasando Jehová por delante de él, proclamó: ¡Jehová! ¡Jehová! Fuerte, misericordioso y piadoso; tardo para la ira, y grande en misericordia y verdad». (Éxodo 34.5-6, RVR60)

El Señor proclama Su nombre. En el mundo hebreo el nombre explica el carácter, la esencia de la persona, su ADN. Y en este pasaje el Padre se está definiendo a sí mismo como misericordioso y piadoso [compasivo]. También se identifica como grande en misericordia.

Jonás pudo desentenderse de la situación de Nínive porque carecía de compasión y misericordia. Le tenía sin cuidado lo que pudiera sucederle a sus habitantes. Es más, consideraba que merecían el castigo, y dado que conocía el carácter de Dios, estaba seguro de que Él se sentiría movido a misericordia si las personas se arrepentían:

«–Señor, esto es exactamente lo que pensé que harías, cuando todavía estaba en mi tierra y me dijiste que viniera a Nínive. Por esta razón hui a Tarsis. Yo sabía que eres un Dios compasivo, misericordioso, que te cuesta mucho enojarte y que eres lleno de bondad. Yo sabía que con facilidad dejarías la idea de destruir a este pueblo. Señor, es mejor que me mates; prefiero la muerte antes que la vida, porque nada de lo que les anuncié ocurrirá». (Jonás 4.2-3)

Dios trató con Jonás usando la enredadera que le proveía de sombra, para hacerle reflexionar acerca de su falta de compasión y misericordia. El Señor le dirige al profeta unas palabras en las que también revela su carácter:

«Entonces el Señor le dijo:

–Sientes lástima porque fue destruida la planta que te daba sombra, aunque tú no trabajaste en ella y, que de todos modos, es de corta vida. Y ¿por qué no iba yo a tener lástima de la gran ciudad de Nínive, con sus ciento veinte mil habitantes que no saben distinguir entre lo bueno y lo malo, y de todo su ganado?». (Jonás 4.10-11)

Dios se identifica con nuestra situación y condición miserable (siente compasión) y se mueve a la acción para aliviarla (misericordia). ¡No es de extrañar que el Señor insista, tanto en el Antiguo como el Nuevo Testamento, en que quiere de nosotros misericordia y no sacrificios!

Jonás, sigue la estela de Caín, que sostuvo que no era responsable de su hermano, y adopta la actitud de Pilato, que se desentendió de Jesús a pesar de saber que era inocente.

JESÚS

El Maestro es la antítesis de Jonás. De Él dice el evangelio:

> *«Al ver a las multitudes, tuvo compasión de ellas, porque estaban agobiadas y desamparadas, como ovejas sin pastor». (Mateo 9.36, NVI)*

El original griego de este pasaje expresa que se le removieron las entrañas al ver el agobio y el desamparo de las multitudes. Pero el Señor no se detuvo allí, en la compasión, sino que actuó para aliviar y acompañar a la multitud sufriente. Jesús tiene misericordia de nosotros. En Él vemos esa combinación perfecta de compasión y misericordia que se manifiestan en un accionar para hacer el bien.

Una lectura de los distintos relatos evangélicos nos muestra la misericordia de Jesús como expresión de su compromiso con las necesidades del ser humano. La misericordia lo movió a perdonar pecados, liberar a los oprimidos, alimentar a los hambrientos, sanar a los enfermos, resucitar a los muertos y ofrecer dignidad a los marginados.

Jesús también enseñó a sus seguidores acerca de la importancia de la misericordia. Enfatizó, como ya lo había hecho el Antiguo Testamento por medio de los profetas, que a Dios le complace más la misericordia, que actúa en beneficio del prójimo, que los sacrificios y ofrendas dirigidas hacia Él.

Además, por medio de la parábola del buen samaritano, Jesús resaltó la importancia de actuar en favor del necesitado sin pararse a pensar si lo merece o no. El judío de la historia no merecía ser socorrido por el samaritano. Este último sabía perfectamente que si la situación hubiera sido la inversa el judío probablemente no se hubiera dignado a socorrerle. Aquel viajero tenía todas las razones para desentenderse de la situación de necesidad del hombre asaltado y herido. Sin embargo, el texto dice que cuando vio la situación de aquel hombre sintió compasión de él. Sintió compasión, no únicamente lástima, y fue esa compasión lo que lo llevó a actuar con misericordia. Él arriesgó su vida, ya que los ladrones podían continuar merodeando, superó sus prejuicios, y se hizo cargo de cubrir todas sus necesidades.

Siguiendo con las enseñanzas sobre la misericordia y la compasión, en Mateo 25.31-46 Jesús desafía nuestra comprensión de lo que significan estos valores. En el pasaje, conocido como «El juicio de las naciones», describe dos grupos de personas: aquellos que se desentendieron de las necesidades de su prójimo y los que, por el contrario, actuaron movidos por la compasión y la misericordia. Lo que nos sorprende es descubrir que aquello que hacemos o dejamos de hacer ante el prójimo necesitado se lo estamos haciendo o dejando de hacer al mismísimo Señor. Es decir, que en el necesitado estamos interactuando, para bien o para mal, con el mismo Jesús. Él será el destinatario tanto de nuestro compromiso como de nuestra indiferencia.

PREGUNTAS PARA PENSAR

1. ¿Cuál es la diferencia entre compasión, misericordia y lástima?

2. ¿Qué relación hay entre compasión y misericordia?

3. ¿Qué significa para ti la expresión del Señor: *«misericordia quiero y no sacrificios»*?

4. ¿Qué es lo que más te impacta de lo que Jesús enseña en Mateo 25?

5. ¿Qué crees que deberías cambiar en tu vida para que muestre compasión y misericordia?

UN EJEMPLO CONTEMPORÁNEO

PAUL GRÜNINGER

Durante el periodo previo a la Segunda Guerra Mundial los judíos fueron salvajemente perseguidos en la Alemania nazi. Muchos intentaron huir a otros países mientras todavía era posible. Sin embargo, muchos países les cerraron las puertas; entre ellos, Suiza. El gobierno de este país dio órdenes a todos sus agentes fronterizos que devolvieran a Alemania a todos los judíos que llegaban a sus fronteras, sin importarles el terrible destino que allí es esperaba.

Y aquí es donde entra en acción nuestro ejemplo contemporáneo. Grüninger era comandante de la policía de fronteras y seguidor de Jesús. Movido por la compasión y la misericordia, y consciente de que hay que obedecer a Dios antes que a los hombres, él salvó a cientos de judíos de morir en Alemania. Aquí te compartimos un poco de su increíble historia de compasión, misericordia, y valor. (Los datos los hemos recopilado de la página oficial del Ministerio de Asuntos Exteriores de la Confederación Suiza.)

Paul Grüninger nació el 27 de octubre de 1891 en San Gallen, donde también murió. Era hijo de un tapicero católico y de una madre protestante. (Al igual que Carl Lutz, más tarde él evocaría sus convicciones cristianas para decir que hizo simplemente lo que creía que era lo correcto.) Comenzó su carrera como maestro de escuela (aunque más tarde admitió que hubiera preferido jugar al fútbol), antes de convertirse en teniente de policía y ser nombrado comandante en 1925. Se casó y tuvo dos hijas. Era un hombre decente, cordial y respetado por sus colegas.

Corría el año 1938. El 12 de marzo, Austria había sido oficialmente anexionada por Alemania y ahora formaba parte del Tercer Reich. A partir de abril, las visas eran obligatorias para los ciudadanos austríacos que ingresaban a Suiza. Muchos llegaron en masa a Suiza, a pie, o incluso nadando. Para ellos se abrió un campamento de refugiados en Diepoldsau. El 17 de agosto del mismo año, en la Conferencia de Directores de la Policía Cantonal, el comandante Grüninger pidió al país que mantuviera sus fronteras abiertas. «Es desmesurado rechazar a estos refugiados. Aunque solo sea por consideraciones de humanidad, tenemos que permitir que ellos entren al país», insistió. Esto consta en el acta de aquella reunión. Sin embargo, la Confederación Suiza decidió prohibir la entrada al país a todos los refugiados austríacos.

Paul Grüninger comenzó entonces a eludir claramente la ley para ayudar a los refugiados. Junto con una red informal de miembros de la juventud socialista, posaderos, granjeros y miembros de la comunidad judía (incluida la Asistencia Israelí para Refugiados en San Gallen), hizo la vista gorda ante las visas falsificadas, falsificó otras más, y obtuvo visas de entrada para los familiares de los que ya habían encontrado refugio en Suiza. Incluso emitió citaciones a detenidos en Dachau, Alemania. Así, Grüninger salvó la vida de varios cientos de judíos. Incluso podrían llegar a ser unos 3000, según las estimaciones de Stefan Keller, periodista, historiador, y autor de un libro sobre la vida de este policía.

Probablemente sobre la base de una denuncia al Departamento Federal de Justicia y Policía durante la primavera de 1939, Paul Grüninger fue despedido de su cargo sin previo aviso y privado de su pensión. Al año siguiente, el tribunal de distrito de San Gallen lo condenó a una fuerte multa por «incumplimiento de obligaciones y falsificación de documentos», algo de lo que luego declararía que no estaba avergonzado. A pedido de un viejo amigo de la escuela, Grüninger escribió estas palabras en la década de 1950, una copia de las cuales se guarda en la biblioteca cantonal Vadiana en San Gallen:

> *¡Por el contrario, estoy orgulloso de haber salvado la vida de cientos de personas que estaban siendo severamente perseguidas! Cualquiera que haya sido testigo, una y otra vez, como yo, de las llegadas desgarradoras, el colapso completo de los afectados, los lamentos y los gritos de madres y niños, las amenazas de suicidio, y los intentos reales de suicidio, nadie podría haber resistido eso.*

Él continuó:

> *Se trataba de salvar a personas cuyas vidas estaban en peligro. En tales circunstancias, ¿cómo podría haberme preocupado por la mera burocracia y los números?*

La conducta de Grüninger afectó a toda su familia, pero su esposa lo apoyó, tal como su hija Ruth relatara cierta vez:

> *Ella apoyó a mi padre. No nos sentimos en peligro. Para ella también era importante que los refugiados que llegaban de noche en la niebla fueran puestos a salvo y atendidos.*

Cuando su padre fue despedido de su puesto, ella estaba estudiando en Lausana, pero tuvo que abandonar sus estudios para regresar y ayudar a la familia en San Gallen. Etiquetada como «la hija de un criminal», inicialmente tuvo dificultades para encontrar un trabajo, hasta que finalmente fue contratada en una empresa textil dirigida por judíos. Su padre, por su parte, encontró trabajos temporales pero nunca más pudo encontrar un trabajo permanente. Sin embargo, hasta su muerte, él siempre sostuvo que si se hubiera enfrentado a la misma situación otra vez, habría actuado igual.

Paul Grüninger murió el 22 de febrero de 1972. Unos meses antes de su muerte, Israel lo reconoció como uno de los «Justos entre las Naciones». Más tarde, en 1993, hubo un punto de inflexión para su familia con la publicación del libro de Stefan Keller sobre la vida de Paul. Este valiente y compasivo policía finalmente estaba teniendo el reconocimiento que merecía. En 1995 se revocó la condena, y en 1998, tras el pago de 1,3 millones de francos a los herederos «en reparación por daños morales», se creó la Fundación Paul Grüninger. Desde entonces, varios documentales y un largometraje se han dedicado a este héroe suizo. «Ahora, finalmente», dice Stefan Keller, «en Suiza también estamos orgullosos de él».

APLICACIÓN PRÁCTICA

PROYECTO PERSONAL

El proyecto personal consiste en ayudar a cada joven a que pueda pensar cuáles de las diferentes conductas que muestran compasión y misericordia son reales en su vida cotidiana, y cuáles otras quieren priorizar para incorporarlas o desarrollarlas. Luego de realizar la autoevaluación individual, las siguientes preguntas pueden ayudarles en esa dirección:

1. De todas las conductas que expresan compasión y misericordia, ¿cuál o cuáles desearías incorporar o desarrollar en tu propia vida? (Elije una o dos como máximo, las que te parezcan prioritarias).

2. ¿Qué cosas prácticas crees que pueden ayudarte a desarrollar estas conductas?

3. ¿Cuándo lo vas a hacer?

4. ¿Cómo lo vas a hacer?

5. ¿A quién le vas a contar acerca del compromiso que has tomado para que te ayude a cumplirlo?

PROYECTO DE GRUPO

De nuevo queremos pedirte que trabajes junto a tus jóvenes en el diseño del proyecto de grupo. Ayúdales a identificar qué necesidades existen en su entorno a las cuales ustedes podrían dar una respuesta como escuela o grupo de jóvenes de la iglesia, y actúa como facilitador del proceso. Recuerda que los valores se fijan, se anclan y se convierten en virtudes solo cuando se practican. El entorno social, cultural, y económico en el que tú y tus jóvenes están es único y singular, diferente al de otros grupos de jóvenes. Por lo tanto, ustedes se encuentran en una posición privilegiada para poder incidir sobre ese entorno.

Estas preguntas pueden ayudarte a dinamizar el proceso:

1. ¿Cómo es nuestro entorno? ¿Qué necesidades físicas, materiales, espirituales, emocionales, intelectuales, etc., hay?

2. ¿Sobre cuál o cuáles de ellas estaría a nuestro alcance actuar?

3. ¿Qué significaría actuar sobre esta necesidad con compasión y misericordia? ¿Qué cosas prácticas podríamos hacer?

4. ¿Qué recursos precisaremos para hacerlo?

5. ¿Qué, cómo, y cuándo lo haremos?

LECCIÓN 07 Generosidad

DEFINICIÓN

El diccionario dice que alguien es generoso «cuando es dadivoso, franco y liberal». Con toda probabilidad, a excepción de la primera, las otras dos palabras deben significar bien poco para los jóvenes con los que estás trabajando. Vamos, pues, a buscar alguna otra definición que pueda resultarles un poco más clara.

Otra definición que encontramos indica que la generosidad es:

La virtud de dar buenas cosas a otros de forma desinteresada y abundante.

¿Y qué tal esta otra?

Generosidad es mostrar una disponibilidad para dar más de algo, especialmente dinero, de lo que es estrictamente necesario o esperado.

Hay dos cosas que nos llamaron la atención en esta definición: el énfasis en ser intencionales a la hora de dar (la «disponibilidad»), y el ir más allá de lo que es justo, necesario o esperado.

Como ves, todas las definiciones coinciden en que la generosidad está relacionada con el dar sin esperar nada a cambio. Caso contrario, estaríamos hablando de justicia, transacción o inversión. La generosidad siempre tiene una connotación de desinterés y satisfacción por el acto de dar. El generoso da simplemente porque quiere dar.

La Biblia está llena de ejemplos de generosidad, y no podía ser de otra manera, puesto que nuestro Dios es generoso en su relación con la humanidad. Incluso hoy en día, a pesar de nuestra actitud de rebelión o indiferencia, Él continúa bendiciendo a las personas, y enviando el sol y la lluvia (una figura de lenguaje) sobre justos e injustos.

Recordemos que la Biblia, además de darnos ejemplos, nos habla sobre la importancia y la bendición que trae ser generoso. El apóstol Pablo cita las palabras de Jesús cuando dice:

«Y les fui un ejemplo constante de cómo se debe ayudar a los pobres y recordar las palabras del Señor Jesús que dicen: 'Hay más dicha en dar que en recibir'». *(Hechos 20.35)*

También el mismo apóstol, escribiendo a los corintios, les indica:

«Cada uno tiene que determinar cuánto va a dar. Que no sea con tristeza ni porque lo obliguen, porque Dios ama al que da con alegría». *(2 Corintios 9.7)*

Pablo también nos enseña que Jesús debe ser para nosotros un ejemplo claro de generosidad. De nuevo escribiendo a la iglesia que se reunía en Corinto, les dice:

«Ustedes ya conocen la gracia de nuestro Señor Jesucristo; aunque era rico, se hizo pobre por amor a ustedes, para que mediante su pobreza se enriquecieran ustedes». *(2 Corintios 8.9)*

En los últimos años, el mundo secular ha puesto sus ojos en la importancia de la generosidad y en su contribución a una vida feliz. Del mismo modo que se han estudiado científicamente los efectos de la gratitud sobre la calidad y la satisfacción en la vida, también se ha estudiado la generosidad y los beneficios positivos que esta trae. De hecho, ya se habla de «la ciencia de la generosidad».

En un artículo titulado «La ciencia de la generosidad: por qué dar nos hace tan felices», John Haltiwanger escribe:

Cuando eras niño, no había nada mejor que recibir un regalo. Un regalo envuelto era una historia de misterio que garantizaba un final excelente. No sabías exactamente lo que había dentro, pero sabías que era para ti, y probablemente era algo que querías.

Eventualmente, todos llegamos a una edad en la que dar regalos se vuelve tan emocionante como recibirlos de niño. Creces para descubrir que la alegría de hacer feliz a alguien es más poderosa de lo que podrías haber imaginado.

Hay algo inexplicablemente satisfactorio en ver a la gente desenvolver un regalo y responder con asombro y felicidad sincera. Los has hecho sonreír, y eso vale mucho más que el dinero o cualquier artículo material.

Simultáneamente, encontramos una gran satisfacción en devolverle al mundo que nos rodea. Muchos de nosotros somos mucho más privilegiados que otros, y cuando nos damos cuenta de eso, a menudo tenemos un deseo innato de ayudar a los menos afortunados. Después de todo, no podemos avanzar como especie cuando un número tan significativo de personas sufren en las sombras.

Como Winston Churchill dijo una vez acertadamente: «Nos ganamos la vida con lo que obtenemos. Construimos una vida por lo que damos».

De hecho, es a través de dar que enriquecemos y perpetuamos tanto nuestras propias vidas como las vidas de los demás.

El dinero no puede comprar la felicidad, a menos que usted lo gaste en otros. La investigación ha demostrado que dar nos hace mucho más felices que recibir. [¡Vaya, la Biblia ya hace miles de años que lo había dicho!]. Así, en cierto modo, en realidad estamos siendo egoístas y desinteresados al dar a los demás.

Numerosos estudios han demostrado que dar dinero a los demás o a obras de caridad pondrá una sonrisa mucho más grande en tu cara que gastarte ese dinero en ti mismo.

Michael Norton, profesor de la Escuela de Negocios de Harvard, realizó uno de estos estudios. Junto con sus colegas, Norton interrogó a 632 estadounidenses sobre su nivel de ingresos y en qué gastaban su dinero. También se les pidió que calificaran su propio nivel de felicidad.

Norton y sus colegas descubrieron que, independientemente de los ingresos, aquellos que gastaban dinero en otros eran decididamente más felices que aquellos que gastaban más en ellos mismos. En pocas palabras, enriquecer las vidas de los demás nos hace a todos más ricos.

La verdadera riqueza no se adquiere a través de las posesiones terrenales, sino al llevar una vida plena. Y no hay nada más satisfactorio que saber que has hecho una diferencia palpable en las vidas de otras personas.

Interesante, ¿verdad? ¡Cuán a menudo la ciencia certifica lo que la Biblia enseña! Año tras año, más y más estudios están resaltando los beneficios de la generosidad tanto para la salud física como mental de las personas. Según la revista en línea *Medical News Today*, está probado que la generosidad reduce el estrés, fortalece nuestra salud física, mejora nuestro sentido de propósito, y combate la depresión de una forma natural. Como si todo esto fuera poco, también se ha demostrado que incrementa nuestra esperanza de vida.

En definitiva, la generosidad es el acto intencional de compartir dinero, tiempo, dones, talentos y cualquier otro tipo de recursos, más allá de lo necesario o esperado, y sin tener la expectativa de recibir algo a cambio.

ETIMOLOGÍA

La palabra «generosidad» proviene del latín *generosus,* que literalmente significaba «noble de nacimiento». Durante mucho tiempo la palabra se usaba únicamente para referirse a las personas que pertenecían a la nobleza. Como tantas otras palabras, ha evolucionado en su significado hasta tener el que todos conocemos hoy día.

CONDUCTAS

Un valor, como la generosidad, no deja de ser una simple palabra, un concepto teórico, hasta que lo practicamos. Cuando lo incorporamos a nuestra forma de vivir, ese valor se convierte en una virtud, que se expresa por medio de una serie de conductas.

Reflexiona sobre tu propia vida y completa la siguiente autoevaluación. Anota tu respuesta, eligiendo un número entre el 0 («esta conducta no está en absoluto presente en mi vida») y el 10 («esta conducta está totalmente incorporada en mi vida»). El resultado no solamente te dará una idea de cuán desarrollado está ese valor en tu vida, sino que también te dará pautas acerca de cómo puedes comenzar a trabajar para incorporarlo en caso de que sea necesario.

Recuerda que en la web de e625 encontrarás una copia de esta autoevaluación para que puedas imprimir tantas como necesites, y así cada joven de tu grupo pueda completarla de manera individual. Puedes buscarlas en **www.e625.com/lecciones.**

1. **¿Entiendo y vivo la enseñanza bíblica que indica que es más bienaventurado (feliz) dar que recibir?**

   Dar es un privilegio, porque solo puede dar aquel que tiene. Dar refleja siempre el carácter de Dios; un Dios que se dio a sí mismo, y que continúa dándonos bendiciones, tanto a creyentes como a no creyentes.

   0   1   2   3   4   5   6   7   8   9   10

2. **¿Busco oportunidades para dar de mi tiempo, dinero, capacidades, recursos, etc., a otros?**

Cuando una persona entiende que dar es un privilegio, busca de forma intencional oportunidades para compartir, no únicamente su dinero (porque en ocasiones, esto es lo más fácil), sino también sus dones, sus talentos, sus habilidades y su tiempo.

0   1   2   3   4   5   6   7   8   9   10

3. **¿Doy con alegría? ¿Disfruto al hacerlo?**

Tan importante como lo que hacemos es la motivación con la cual lo llevamos a cabo. En ocasiones nuestras motivaciones, si no son las correctas, pueden echar por tierra nuestras acciones. La Biblia nos dice que el Señor ama a la persona que da con alegría.

0   1   2   3   4   5   6   7   8   9   10

4. **¿Doy de forma desprendida, sin esperar nada a cambio?**

Hay una diferencia entre dar e invertir. La inversión es cuando tú das algo con la esperanza o expectativa de que lo que has dado te produzca un beneficio, un dividendo, un resultado. Dar, desde la perspectiva bíblica, es, como hemos mencionado anteriormente, un reflejo del carácter de nuestro Dios. Lo hacemos porque lo imitamos a Él, y porque Él nos lo pide que lo hagamos. Jesús lo explicó del siguiente modo:

> *«...Cuando des una comida o una cena, no invites a tus amigos ni a tus hermanos ni a tus familiares ni a tus vecinos ricos, porque cuando ellos te devuelvan la invitación, habrás recibido tu recompensa. Lo mejor es que cuando des un banquete, invites a los pobres, a los inválidos, a los cojos y a los ciegos. Así serás dichoso, pues ellos no tienen con qué recompensarte, pero tú serás recompensado cuando resuciten los justos».* (Lucas 14.12-14)

0   1   2   3   4   5   6   7   8   9   10

5. **¿Doy de forma sacrificial, aunque el dar, en ocasiones, sea costoso?**

El principio bíblico no es, únicamente, dar de aquello que nos sobra, sino más bien es hacerlo incluso privándonos de aquello que es justo y legítimo. Jesús destacó la generosidad de la viuda que dio dos sencillas monedas, siendo que eran todo lo que tenía, en contraste con la actitud de aquellos que únicamente daban aquello que les sobraba.

0   1   2   3   4   5   6   7   8   9   10

UN EJEMPLO BÍBLICO

LOS FILIPENSES

En la segunda carta que el apóstol Pablo escribió a los corintios habla acerca de una ofrenda que estaba preparando para la iglesia de Jerusalén. Esta comunidad era, por decirlo de alguna manera, la madre de todas las otras iglesias que se habían ido extendiendo y formando por toda la cuenca del mar Mediterráneo.

A pesar de ser «el apóstol de los gentiles» (los no judíos), y de las relaciones tensas que, en ocasiones, había tenido con los creyentes de Jerusalén, Pablo no se desentendió de las necesidades de sus hermanos judíos. Los creyentes de aquella ciudad estaban pasando por un tiempo de gran escasez y necesidad, y el apóstol consideró que las iglesias de origen griego y romano (por lo general, en mejor situación económica) podían ser de ayuda y de bendición para sus hermanos en Cristo.

Pablo dedica los capítulos 8 y 9 de su carta a motivar a los corintios acerca de esta ofrenda. El pasaje es utilizado también por el apóstol para desarrollar algunos principios muy importantes sobre el dar y la generosidad.

Pero Pablo tenía también una relación muy especial con la iglesia de Filipos. Allí fue donde el evangelio fue predicado en el continente europeo por primera vez. Fue allí también donde Pablo fue encarcelado y se produjo esa situación sobrenatural que llevó a la conversión del carcelero y toda su familia. Pablo siempre mantuvo una relación muy especial con aquella comunidad. Mientras en otros lugares su ministerio era cuestionado (incluso en iglesias que él mismo había fundado), los macedonios siempre le guardaron fidelidad y le apoyaron económicamente en su ministerio (puedes verlo en Filipenses 4.15-16 y 2 Corintios 11.9). El apóstol debía de ser un buen conocedor de la situación económica de aquellos creyentes, porque decidió excluirlos de la ofrenda y que esta no agravara más su situación de pobreza.

Ahora bien, los creyentes de Filipos no estuvieron muy de acuerdo con esa decisión. Es más, se sintieron ofendidos, en el buen sentido de la palabra. Pablo lo relata de la siguiente manera:

> *«Queremos, hermanos, que tengáis información sobre la colecta que por inspiración de Dios ha tenido lugar en las iglesias de Macedonia. Porque, a pesar de las muchas tribulaciones que han soportado, su alegría es tanta que han convertido su extrema pobreza en derroche de generosidad. Testigo soy de que han dado espontáneamente lo que podían, e incluso más de lo que podían. Con la mayor insistencia nos rogaban que les permitiéramos colaborar en la colecta y en la ayuda a los hermanos. Y más allá de nuestras expectativas, ellos mismos se ofrecieron a sí mismos, primero al Señor y luego a nosotros, ya que esta era la voluntad de Dios». (2 Corintios 8.1-5, BLPH)*

De las palabras del apóstol se deducen algunas características de los Filipenses:

En primer lugar, se trataba una comunidad que estaba experimentando extrema pobreza. Pablo describe una situación económica que debía ser tremendamente dura en un mundo en que la mayoría de la población vivía en situaciones difíciles.

En segundo lugar, se sintieron ofendidos por el hecho de haber sido excluidos de la ofrenda y de que no se contara con ellos. Literalmente, rogaron que se les permitiera participar para ayudar a sus hermanos en Jerusalén.

En tercer lugar, daban con gozo. Ellos consideraban que dar era un privilegio y, a pesar de su situación de pobreza, nunca lo percibieron como una carga, una obligación, o algo a evitar si fuera posible.

En cuarto lugar, eran personas de una generosidad extrema. Recordemos que hemos definido generosidad como dar más allá de lo necesario o esperado. Los Filipenses superaron todas las expectativas que Pablo tenía con respecto a ellos.

En quinto lugar, su generosidad nacía de su corazón. Ya sabemos que las conductas (lo externo) nacen del corazón (lo interno). Pablo indica que primeramente ellos se habían dado al Señor. Cuando uno ha dado su vida a Dios, los recursos brotan de forma espontánea.

En sexto lugar, la generosidad no es prerrogativa de los ricos. Está al alcance de cualquier persona. La generosidad no está relacionada con la cantidad que das (recuerda las dos pequeñas monedas de una pobre viuda), sino con la actitud con la que das (recuerda a los que ofrendaron de lo que les sobraba). Por eso, como hemos mencionado en el punto anterior, cuando el corazón ha sido dado a Dios, el dinero fluye con mucha más facilidad.

En séptimo lugar, la generosidad, en ocasiones, puede ser muy costosa para aquel que la ejerce. Ciertamente, como ya hemos visto con anterioridad, la generosidad produce gozo, tanto en el que la recibe como en aquel que la da. Ahora bien, eso no significa que ser generoso no pueda ser costoso. La generosidad es sacrificial, porque renunciamos a lo que nos es propio y legítimo, en beneficio de otros. Así lo hicieron los cristianos de Filipos, y así se los reconoce Pablo.

Así eran los Filipenses. Personas que no solamente tenían la generosidad como valor (es decir, el concepto teórico), sino que vivían la virtud de la generosidad (es decir, la ponían en práctica por medio de sus conductas).

Muy bien, hasta aquí hemos visto el ejemplo de la comunidad de Filipos. Sin embargo, en estos capítulos de su segunda carta a los corintios Pablo desarrolla muchos principios relacionados con el dar y con la generosidad. William Barclay, uno de nuestros comentaristas bíblicos favoritos, los resume y sistematiza de una manera muy clara y sencilla. Hemos pensado que reproducirlos aquí sería de utilidad para reforzar tu enseñanza de este valor.

Barclay indica que en estos capítulos el apóstol menciona cuatro argumentos para ser generosos:

Primero, cita el ejemplo de otros creyentes. En este caso, como ya hemos visto, los Filipenses.

Segundo, cita el ejemplo de nuestro Señor Jesucristo. (2 Corintios 8.9)

Tercero, menciona la necesidad de que las ideas (valores) se conviertan en prácticas (virtudes). (2 Corintios 8.10-11)

Cuarto, explica que Dios nos da recursos para que con ellos podamos paliar las necesidades de otros. (2 Corintios 8.12-15)

El comentarista también habla de diferentes maneras de dar:

- El que da por obligación: Cuando lo hacemos de este modo perdemos la perspectiva de que se trata de un privilegio y, naturalmente, no experimentamos el gozo del dar.

- El que da para gratificarse a sí mismo: Cuando esto sucede, el centro de la generosidad no es el otro y la satisfacción de su necesidad, sino nosotros mismos y nuestro deseo de experimentar placer.

- El que da por prestigio: En este caso, la motivación no es el amor sino el orgullo. Recordemos la parábola que Jesús contó sobre el fariseo y el recaudador de impuestos.

- El que da por amor: Es, como ya hemos visto, el que lo hace en respuesta a todo lo recibido del Padre, y como un reflejo de su carácter.

Para finalizar, nosotros quisiéramos añadir algunos principios relacionados con la generosidad.

- La miseria llama a la miseria; la abundancia llama a la abundancia.

  «Recuerden esto: El que siembra escasamente, escasamente cosechará, y el que siembra en abundancia, en abundancia cosechará». (2 Corintios 9.6, NVI)

- Si vas a dar por obligación o por compromiso, no lo hagas. Tu motivación mata tu acción.

  «Cada uno debe dar según lo que haya decidido en su corazón, no de mala gana ni por obligación, porque Dios ama al que da con alegría». (2 Corintios 9.7, NVI)

- Si tienes miedo a ser generoso porque temes quedarte sin recursos, entonces no conoces realmente el carácter de Dios.

  «Ustedes serán enriquecidos en todo sentido para que en toda ocasión puedan ser generosos..». (2 Corintios 9.11, NVI)

- La generosidad produce en aquel que la recibe gratitud y alabanza para el Padre.

  «Esta ayuda que es un servicio sagrado no solo suple las necesidades de los santos, sino que también redunda en abundantes acciones de gracias a Dios. En efecto, al recibir esta demostración de servicio, ellos alabarán a Dios por la obediencia con que ustedes acompañan la confesión del evangelio de Cristo, y por su generosa solidaridad con ellos y con todos». (2 Corintios 9.12-13, NVI)

PREGUNTAS PARA PENSAR

1. ¿Por qué es más feliz el que da que el que recibe?

2. ¿Cuáles son las razones que nos pueden impedir ser generosos?

3. ¿Por qué es tan importante la motivación a la hora de practicar la generosidad?

4. ¿Quién ha sido últimamente generoso contigo? ¿De qué modo lo fue? ¿Qué efecto produjo en ti?

5. ¿Con quién has sido generoso últimamente? ¿De qué modo lo fuiste? ¿Qué efecto produjo en la persona que fue destinataria de tu generosidad? ¿Qué efecto produjo en ti?

6. ¿Quién en tu entorno precisa de tu generosidad? ¿Qué vas a hacer de forma práctica?

UN EJEMPLO CONTEMPORÁNEO

Bill Gates, el fundador de Microsoft (el gigante de la computación), es conocido por ser, junto con su esposa Melinda, una de las personas más generosas del mundo. Nuestra propuesta para esta ocasión es que, en vez de que nosotros te hablemos acerca de su generosidad, los jóvenes con los que trabajas, ya sea en el grupo de jóvenes o en la escuela, hagan una investigación acerca de él y su generosidad.

APLICACIÓN PRÁCTICA

PROYECTO PERSONAL

El proyecto personal consiste en ayudar a cada joven a que pueda pensar cuáles de las diferentes conductas que muestran que la generosidad es un valor son reales en su vida cotidiana, y cuáles otras quieren priorizar para incorporarlas o desarrollarlas. Luego de realizar la autoevaluación individual, las siguientes preguntas pueden ayudarles en esa dirección:

1. De todas las conductas que expresan generosidad, ¿cuál o cuáles desearías incorporar o desarrollar en tu propia vida? (Elije una o dos como máximo, las que te parezcan prioritarias).

2. ¿Qué cosas prácticas crees que pueden ayudarte a desarrollar estas conductas?

3. ¿Cuándo lo vas a hacer?

4. ¿Cómo lo vas a hacer?

5. ¿A quién le vas a contar acerca del compromiso que has tomado para que te ayude a cumplirlo?

PROYECTO DE GRUPO

Ustedes son un grupo de jóvenes o una clase en una escuela, y desarrollan su vida en un entorno, en un contexto único y singular. ¿De qué manera pueden, como grupo, vivir la generosidad en ese entorno? ¿Qué significa, como grupo, vivir y demostrar generosidad en medio del contexto en el que Dios los ha colocado? ¿Qué cosas prácticas podrían hacer o, por el contrario, dejar de hacer? (Recuerda lo que ya hemos comentado acerca de la importancia de involucrar a los jóvenes en el diseño y desarrollo del proyecto).

DEFINICIÓN

El diccionario define «gracia» del siguiente modo: «

Don o favor que se hace sin merecimiento particular; concesión gratuita.

Ahora bien, vamos a ver la definición que nos brindan algunos autores cristianos:

«La gracia es un libre y soberano favor concedido a los que no lo merecen». (B.B. Warfield)

«La gracia es amor que se preocupa, toma la iniciativa y rescata». (John Stott)

«La gracia es amor incondicional hacia una persona que no lo merece». (Paul Zahl)

«[Gracia] es Dios tomando la iniciativa de acercarse a las personas que viven en rebelión contra Él». (Jerry Bridges)

Podemos observar que hay algunas cosas en común en todas las definiciones: un favor recibido, o un don otorgado, a alguien que carece total y absolutamente de méritos que le hagan merecedor del mismo. Si mereciera lo que recibe, entonces ya no sería gracia. Es más, incluso a veces lo que recibe es totalmente lo contrario de lo que merecería.

Hay una anécdota que ilustra bastante bien qué es la gracia. Cuentan que un oficial del ejército de Napoleón fue condenado a muerte por su conducta en el campo de batalla. La madre del mismo, al enterarse, logró saltarse el protocolo y la seguridad y plantarse ante el mismo emperador. Con lágrimas en los ojos, ella le pidió que perdonara a su hijo y que no lo ejecutaran. El emperador, entonces, pacientemente le explicó todo lo que su hijo había hecho, y terminó su exposición afirmando que no sería justo que él perdonara a su hijo. Lo que aquel joven oficial iba a recibir era lo justo, lo que merecía. La madre, mirando a los ojos al emperador y usando su título oficial le dijo: «*Sire, no estoy pidiendo justicia, ¡estoy pidiendo gracia!*».

Creemos que esta historia, sea verídica o no, expresa muy bien de qué estamos hablando cuando hablamos de gracia. Así es como el Padre nos trata a nosotros. No nos da lo que merecemos (castigo), sino más bien aquello que en absoluto merecemos (la condición de hijos y herederos). Fíjate en este pasaje:

> *«Antes de ser cristianos, ustedes estaban muertos para Dios a causa de sus delitos y pecados. Vivían siguiendo la corriente de este mundo, obedecían los dictados del príncipe del imperio del aire, quien ahora mismo está operando en el corazón de los que se rebelan contra el Señor.*
>
> *Nosotros mismos éramos así: obedecíamos los malos deseos de nuestra naturaleza y nos entregábamos a las perversidades de nuestras pasiones y malos pensamientos. Merecíamos ser castigados por la ira de Dios, como todos los demás. Pero Dios es tan rico en misericordia y nos amó tanto que, aunque estábamos muertos a causa de nuestros pecados, nos dio vida con Cristo, pues solo por su gracia somos salvos. Además, nos levantó con Cristo de la tumba y nos hizo sentar con él en los cielos».* (Efesios 2.1-6)

En definitiva, podemos afirmar que la gracia consiste en darle a una persona algo bueno, ya sea amor, aceptación, un favor, o un don, que esa persona no merece.

ETIMOLOGÍA

En el Antiguo Testamento la palabra equivalente a nuestra «gracia» sería *hen*, término utilizado por los escritores bíblicos con una considerable variedad de significados, a saber: (1) Propiamente dicho, aquello que da gozo, placer, deleite, encanto, dulzura, hermosura; (2) buena voluntad, bondad, misericordia, etc.; (3) la bondad de un amo hacia un esclavo. Por analogía, «gracia» ha llegado a significar también la bondad de Dios para con el hombre (Lucas 1.30).

En el Nuevo Testamento, el término griego que se utiliza es *charis*, que significa «un don o favor otorgado por pura benevolencia» (es decir, sin importar los méritos que pueda tener, o no, la persona que lo recibe).

En latín, el término utilizado era *gratia*, que significa «la demostración de favor a otro; buena voluntad sin pedir nada a cambio».

CONDUCTAS

Un valor, como la gracia, no deja de ser una simple palabra, un concepto teórico, hasta que lo practicamos. Cuando lo incorporamos a nuestra forma de vivir, ese valor se convierte en una virtud, que se expresa por medio de una serie de conductas.

Reflexiona sobre tu propia vida y completa la siguiente autoevaluación. Anota tu respuesta, eligiendo un número entre el 0 («esta conducta no está en absoluto presente en mi vida») y el 10 («esta conducta está totalmente incorporada en mi vida»). El resultado no solamente te dará una idea de cuán desarrollado está ese valor en tu vida, sino que también te dará pautas acerca de cómo puedes comenzar a trabajar para incorporarlo en caso de que sea necesario.

Recuerda que en la web de e625 encontrarás una copia de esta autoevaluación para que puedas imprimir tantas como necesites, y así cada joven de tu grupo pueda completarla de manera individual. Puedes buscarlas en **www.e625.com/lecciones**.

1. **¿Experimento el amor y la aceptación incondicional de Dios en mi vida?**

   Es cierto que todos los seguidores de Jesús entendemos que hemos sido salvados por gracia, es decir, al margen de nuestras obras y méritos (Efesios 2.6-8). Sin embargo, muchos cristianos no viven el día a día por gracia, sino inseguros en su relación con el Padre y tratando de ganar su aprobación y amor.

   0   1   2   3   4   5   6   7   8   9   10

2. **¿Es mi obediencia a Dios fruto del amor, y no del miedo?**

   Dos creyentes pueden tener exactamente las mismas conductas y, sin embargo, sus motivaciones pueden ser totalmente diferentes ¡y hasta opuestas! Uno puede obedecer por miedo a Dios, miedo a perder su amor, o a no ser aceptado por Él a menos que tenga un determinado desempeño, e incluso temeroso de un castigo sobre él o su familia si no vive en obediencia. Otro puede hacerlo motivado solo por el amor, porque la comprensión de la gracia, de cómo el Señor le ama y acepta totalmente al margen de sus méritos o la falta de los mismos, le lleva a una obediencia que brota del amor y el deseo de complacer a Aquel que le ha amado de tal forma. El primero no ha entendido qué es la gracia, y no la vive en su día a día:

«No hay por qué temer a quien tan perfectamente nos ama. Su perfecto amor elimina cualquier temor. Si alguien siente miedo es miedo al castigo lo que siente, y con ello demuestra que no está absolutamente convencido de su amor hacia nosotros». (1 Juan 4.18)

0   1   2   3   4   5   6   7   8   9   10

3. **¿Trato a los demás con la misma gracia con que soy tratado/a por Dios? ¿Les doy tantas oportunidades como me han sido concedidas a mí?**

Dios me ama y me acepta, no «debido a», sino «a pesar de». Cuando entendemos la gracia con la que el Señor nos trata a nosotros, vemos que tratar a los demás con la misma moneda debe ser una consecuencia natural.

0   1   2   3   4   5   6   7   8   9   10

4. **¿Hago el bien a las personas de forma incondicional, tanto si las personas se lo merecen como si no, reflejando de esta manera la gracia de Dios que he experimentado en mi vida?**

Quien ha recibido y experimentado la gracia de Dios, no puede sino tratar de la misma manera a otros. Recordemos la parábola de los dos deudores.

«De gracia recibisteis, dad de gracia». (Mateo 10.8, RVR60)

0   1   2   3   4   5   6   7   8   9   10

UN EJEMPLO BÍBLICO

EL PADRE DEL HIJO PRÓDIGO

Nada expresa de forma tan precisa, hermosa y poderosa la gracia como la parábola del padre que ama y perdona. (Creemos que debería ser llamada así, en vez de «la parábola del hijo pródigo», porque, en nuestra humilde opinión, el auténtico protagonista es el padre, y la manera en que trata a su hijo es el centro de la enseñanza). El texto es largo y no vamos a reproducirlo en estas páginas. Seguramente ya lo conoces, pero si quieres puedes releerlo en Lucas 15.11-32.

Antes de comenzar, hay algunos detalles culturales que pueden ayudarnos a una mejor comprensión de qué significaba en ese contexto la conducta de aquel hijo que tomó la decisión de marcharse de la casa. En el texto bíblico leemos que él le pidió a su padre que le diera la parte de la herencia que le correspondía. Ahora bien, en ese contexto cultural, su petición resultaba altamente ofensiva. Literalmente expresaba la idea de que: «ojalá estuvieras muerto y, de ese modo, yo pudiera disfrutar de tus bienes». Ese era el mensaje detrás de la petición. Eso fue lo que el hijo expresó, y lo que el padre oyó. Sin embargo, a pesar de todo, él decidió partir la herencia y darle aquello que, según el pensamiento de su hijo, le correspondía.

Luego Lucas nos indica que aquel muchacho marchó a un país lejano donde gastó toda su herencia de un modo bastante descontrolado y hedonista. La plata se acabó, y los amigos se alejaron. Para añadir más problemas a los ya existentes, un gran hambre azotó ese país y el único empleo que puedo encontrar fue cuidando cerdos. Este último detalle nos ilustra poderosamente el proceso de degradación que sufrió aquel joven. Todos sabemos lo que significa para un judío estar en contacto con cerdos, y más si es de forma permanente.

Pero, en ocasiones, estos procesos ayudan a las personas a reflexionar y tomar perspectiva. Lucas usa una bellísima expresión: «volviendo en sí». El muchacho recuperó la razón, y pudo valorar las actuaciones que lo habían llevado a aquella lamentable situación. Su percepción era correcta: tenía conciencia de haber pecado contra Dios y contra su padre. También tenía un sentido muy claro de la justicia: si volvía a la casa de su padre, no merecía ser tratado como un hijo sino como un simple trabajador o un jornalero. Así que, con esta nueva percepción de su realidad, y con el discurso de arrepentimiento ya bien aprendido, se dirigió de regreso al hogar paterno.

Lucas dice que el padre, en cuanto lo vio a lo lejos, corrió a su encuentro. Aquí nuevamente el trasfondo cultural puede ayudarnos a entender lo que está sucediendo. El Antiguo Testamento enseñaba que un hijo contumaz (alguien rebelde y que se mantiene en su error) debería ser, simplemente, condenado a muerte:

> *«Si un hombre tiene un hijo soberbio y rebelde que no obedece a su padre ni a su madre aun cuando ellos lo hayan castigado, el padre y la madre lo llevarán delante de los ancianos de la ciudad y declararán: 'Este hijo nuestro es soberbio y rebelde, y no obedece, es glotón y borracho'. Entonces los hombres de la ciudad lo apedrearán hasta darle muerte. De esta manera desarraigarás el mal de en medio de ti, y todos los jóvenes de Israel oirán lo ocurrido y tendrán temor». (Deuteronomio 21.18-21)*

Seguramente en el pueblo donde había vivido aquel joven era bien conocida su conducta. Cualquiera de los habitantes podía apedrearlo sin piedad, o dar la alarma e incitar al resto de la población a unirse a la lapidación. De ese modo estaban cumpliendo la Ley. Solo una cosa podía salvar a aquel muchacho de ese peligro: que el padre le abrazara y, consecuentemente, mostrara públicamente que lo perdonaba. Esto explica por qué aquel hombre corrió al encuentro de su hijo. ¡Tenía que evitar que alguien lo viera antes que él!

Sin embargo, al correr, aquel hombre estaba haciendo algo totalmente indigno de su rango y posición. Literalmente, se estaba poniendo en ridículo delante de sus paisanos. Estaba procediendo de una forma totalmente inadecuada y vergonzosa. Pero no le importó. Estaba en juego la vida de su hijo.

De hecho, muchos comentaristas indican que el comportamiento de aquel padre no encaja para nada en los moldes o pautas de conducta de cualquier padre judío, que habría considerado muerto a su hijo desde el momento mismo en que se marchó, y jamás lo hubiera perdonado. Ese podría haber sido el proceder de una madre, pero nunca, en aquella cultura, de un padre. Se trata de un detalle interesante porque nos muestra un rasgo más del carácter maternal de nuestro Dios.

Cuando llega hasta él, leemos que el padre abraza a su hijo, y que este comienza a pronunciar su pedido de disculpas... pero es interrumpido por su padre, quien comienza a dar órdenes a sus criados para que atiendan a su hijo, y a la vez preparen todo lo necesario para una fiesta. Notemos de nuevo algunos detalles culturales que aumentan el dramatismo y el significado de esta historia. Vemos que el padre pide que le pongan a su hijo sandalias en los pies. Aquí es importante entender que en aquella época tan sólo los siervos iban descalzos. También indica que le pongan un anillo en el dedo. Esto implicaba que era recibido de nuevo en el seno de la familia, en la condición de hijo. No era recibido como siervo, sino como miembro de pleno derecho de la familia. ¡Algo totalmente inmerecido e inesperado! Aquel muchacho tenía plena conciencia de que había obrado mal, y estaba preparado para aceptar lo que su conducta merecía. Sin embargo, el padre eligió recibirlo con gracia en lugar de con justicia.

Para finalizar, queremos llamar tu atención sobre la reacción del hermano mayor. Este consideró totalmente injusto el proceder del padre, e incluso lo criticó por su comportamiento. Su hermano, después de todo lo que había hecho, no era de ningún modo merecedor del buen trato que estaba recibiendo. ¡Este hermano mayor tenía toda la razón! Lo que sucede es que él estaba viendo la situación desde el paradigma de la justicia (¡hay que darle lo que se merece!), mientras que el padre, que ama y perdona, lo estaba haciendo desde la gracia (le daré algo que no se merece y jamás podría llegar a merecerse, solo porque lo amo). Como ves, la gracia y la justicia son dos paradigmas opuestos. Incluso hay personas hoy en día que, como el hermano mayor, consideran que la gracia es injusta y escandalosa, ¡y están en lo correcto, lo es! ¡Pero gloria a Dios porque Él decidió tratarnos con gracia en lugar de darnos lo que nos merecíamos!

Claramente, Dios es el padre de esta historia y nosotros los hijos descarriados. Nos sorprende y emociona el pensar que nuestro Señor no tuvo problema en ponerse en ridículo delante de todo el universo por amor a cada uno de nosotros. No le preocupó perder su dignidad, tomando la iniciativa de acercarse a nosotros, y humillándose para ofrecernos perdón, para reconciliarnos consigo y para insertarnos de nuevo en la familia. ¡Esa es la sublime gracia de la que hablaba John Newton, el escritor del famoso himno, porque era algo que él había experimentado profundamente en su propia vida!

Así hemos sido tratados por Dios. Y así espera Él que tratemos a otros.

PREGUNTAS PARA PENSAR

1. ¿Fue el padre justo o injusto en su manera de manejar el problema de su hijo?

2. ¿Por qué el hermano mayor se negó a entrar en la fiesta? ¿Tenía él razón, o no?

3. ¿Cómo se muestra en esta historia en contraste entre la gracia y la justicia?

4. ¿Qué piensas de la siguiente expresión?: «La mayoría de nosotros nos tratamos a nosotros mismos con mucha gracia, y a los otros con mucha justicia»?

5. ¿Qué actitud predomina en ti, la gracia o la justicia?

UN EJEMPLO CONTEMPORÁNEO

LOS SOBREVIVIENTES DEL GENOCIDIO DE RUANDA

En el año 1994 tuvo lugar un sangriento genocidio en Ruanda. En este país centroafricano, el gobierno de la etnia hutu trató de eliminar a todas las personas de la etnia tutsi. En total se calcula que unas 800.000 personas fueron masacradas, y esto ante la total indiferencia de la comunidad internacional.

Te sugerimos que animes a tus jóvenes a investigar acerca de este genocidio, pero poniendo énfasis en aquellas personas que, a pesar de la persecución y de haber perdido a sus familias, optaron por la gracia y el perdón en vez de la venganza y el odio.

El enlace que encontrarás a continuación, así como los que hemos añadido en los recursos adicionales, puede ser un buen punto de partida para la investigación.

https://intereconomia.com/noticia/immaculee-ilibagiza-un-testimonio-perdon-genocidio-ruanda-20120227-20120227-0000/

APLICACIÓN PRÁCTICA

PROYECTO PERSONAL

El proyecto personal consiste en ayudar a cada joven a que pueda pensar cuáles de las diferentes conductas que muestran que la gracia es un valor son reales en su vida cotidiana, y cuáles otras quieren priorizar para incorporarlas o desarrollarlas. Luego de realizar la autoevaluación individual, las siguientes preguntas pueden ayudarles en esa dirección:

1. De todas las conductas que expresan gracia, ¿cuál o cuáles desearías incorporar o desarrollar en tu propia vida? (Elije una o dos como máximo, las que te parezcan prioritarias).

2. ¿Qué cosas prácticas crees que pueden ayudarte a desarrollar estas conductas?

3. ¿Cuándo lo vas a hacer?

4. ¿Cómo lo vas a hacer?

5. ¿A quién le vas a contar acerca del compromiso que has tomado para que te ayude a cumplirlo?

PROYECTO DE GRUPO

Diseñar un proyecto de grupo para este valor puede ser muy desafiante para tus muchachos y muchachas. ¿De qué modo pueden trabajar la gracia en el contexto social, cultural, político y económico en el que están inmersos?

Una sugerencia sería que de forma conjunta (como grupo grande o en pequeños grupos) elaboren una lista con 25 o 50 maneras de expresar gracia en la vida cotidiana (el número no es lo importante, puedes ampliarlo o reducirlo). Una vez elaborada, podrían declarar el «mes de la gracia», y tomar el compromiso de vivir intencionalmente el mayor número posible de esas conductas. Luego habría que dedicar cada semana un tiempo para compartir cómo le ha ido a cada uno en el proceso de poner en práctica esas conductas, y para motivarse unos a otros a seguir esforzándose.

LECCIÓN 09 · Tolerancia

DEFINICIÓN

Veamos algunas definiciones de «tolerancia»:

Actitud de la persona que respeta las opiniones, ideas o actitudes de las demás personas, aunque no coincidan con las propias.

Valor moral que implica el respeto íntegro hacia el otro, y hacia sus ideas, prácticas o creencias, independientemente de que choquen o sean diferentes de las nuestras.

Voluntad de la persona para aceptar comportamientos y creencias que son diferentes de los suyos, aunque es posible que no esté de acuerdo con ellos o los apruebe.

La UNESCO, organización de las Naciones Unidas para la educación y la cultura, define la tolerancia del siguiente modo:

En su forma más simple y fundamental, la tolerancia es, según otros, el derecho a que se respeten sus personas e identidades.

Por ejemplo, nosotros podemos creer que determinadas religiones son falsas, o que están equivocadas, pero sin embargo podemos a la vez defender el derecho de todo ser humano a la libertad religiosa, y a creer conforme a su conciencia.

Si somos tolerantes, debemos aceptar el derecho de las demás personas a tener sus propias ideas, opiniones, conductas, y formas de ver la vida, aunque sean distintas que las nuestras. Sin embargo, la tolerancia tiene también un límite: no podemos aceptar estas cosas si van en contra de la ley de Dios o de la dignidad de las personas (todas ellas portadoras de la imagen de Dios).

Por ejemplo, no podemos tolerar la conducta de aquellos que amparándose en motivos religiosos (como el Islam), denigran a la mujer e ignoran por completo sus derechos, tratándolas, en ocasiones, como simples objetos. Tampoco podemos tolerar a aquellos que, por ser de raza blanca, se consideran superiores al resto de los mortales y con el derecho a oprimir a otras razas.

Algo muy importante en este tema es tener la capacidad de distinguir entre la persona y su conducta. Hay un viejo dicho español que afirma: «odia el delito pero compadece al delincuente» ¡Cierto, y muy bíblicamente inspirado! La Palabra de Dios, ya lo veremos más adelante cuando nos adentremos en el ejemplo de Jesús, distingue y separa de forma perfecta, clara y concisa a las personas de sus conductas. Dios no aprueba el pecado; sin embargo, ama incondicionalmente al pecador, ¡tanto que entregó su propia vida por él! Dios siente rechazo, debido a su santidad, hacia todo tipo de pecado, pero nunca siente rechazo hacia el ser humano, sin importar cuál sea su conducta.

Como seguidores de Jesús, nosotros tenemos la responsabilidad moral de levantar la voz contra todo aquello que se opone a las leyes de Dios. No obstante, debemos imitar su ejemplo, mostrando amor y aceptación incondicionales hacia aquellos que practican esas conductas o sostienen esas ideas, por más erradas que sean.

Creemos que es importante que cuando trabajes con tus jóvenes, ya sea en el contexto de la iglesia o de la escuela, les ayudes a distinguir entre la tolerancia tradicional (la que acabamos de explicar) y la nueva «tolerancia». En la postmodernidad, este concepto ha ido transformándose de tal manera que cuando hablamos de «tolerancia» ya no estamos hablando de lo que tradicionalmente se entendía. En los recursos adicionales que puedes encontrar en **www.e625.com/lecciones** hemos incluido un artículo que escribimos hace algún tiempo donde comparamos los dos conceptos de tolerancia, el tradicional y el postmoderno. Te sugerimos fervientemente que lo leas para que puedas comprender mejor ambos, y puedas entonces ayudar a tus jóvenes a distinguirlos.

En definitiva, tolerancia es la capacidad para respetar las ideas, valores, convicciones, creencias y estilos de vida de otras personas, siempre que no atenten contra la dignidad del ser humano o la ley de Dios.

ETIMOLOGÍA

La palabra «tolerancia» proviene del latín *tolerantia*, que significa «cualidad de quien puede aguantar, soportar o aceptar».

CONDUCTAS

Un valor, como la tolerancia, no deja de ser una simple palabra, un concepto teórico, hasta que lo practicamos. Cuando lo incorporamos a nuestra forma de vivir, ese valor se convierte en una virtud, que se expresa por medio de una serie de conductas.

Reflexiona sobre tu propia vida y completa la siguiente autoevaluación. Anota tu respuesta, eligiendo un número entre el 0 («esta conducta no está en absoluto presente en mi vida») y el 10 («esta conducta está totalmente incorporada en mi vida»). El resultado no solamente te dará una idea de cuán desarrollado está ese valor en tu vida, sino que también te dará pautas acerca de cómo puedes comenzar a trabajar para incorporarlo en caso de que sea necesario.

Recuerda que en la web de e625 encontrarás una copia de esta autoevaluación para que puedas imprimir tantas como necesites, y así cada joven de tu grupo pueda completarla de manera individual. Puedes buscarlas en **www.e625.com/lecciones**.

1. **¿Diferencio entre las personas (a las que amo y acepto incondicionalmente) y sus creencias, conductas y formas de vida?**

   Dios hace esta distinción y, consecuentemente, nosotros tenemos la responsabilidad de hacerla también.

   0   1   2   3   4   5   6   7   8   9   10

2. **¿En mi lenguaje y mis actitudes hacia otros (especialmente hacia aquellos que no comparten mis valores, o que viven incluso los contrarios) se ve reflejada la distinción a la que hacía referencia el punto anterior?**

   La distinción que hacemos (o no) entre la persona y su conducta se pone en evidencia por medio de la manera en que reaccionamos frente a aquellos que piensan y viven diferente, o incluso de manera totalmente opuesta a la nuestra.

   0   1   2   3   4   5   6   7   8   9   10

3. **¿Soy un buen imitador de Jesús en el sentido de no despreciar a otros, ni siquiera a aquellos cuyas creencias y estilos de vida desapruebo?**

   Esto implica un ejercicio de madurez espiritual. Toda conducta va vinculada a una persona, y no siempre es fácil hacer esa separación entre ambas. Un cristiano maduro dialogará con Dios acerca de los sentimientos negativos que le surgen hacia ciertas personas como consecuencia de sus conductas, y los gestionará con el Señor.

0   1   2   3   4   5   6   7   8   9   10

4. **¿Veo la imagen de Dios en cada persona, y puedo sentir el amor incondicional del Padre hacia cada uno de ellos? ¿Tengo una mirada de gracia sobre las personas, en lugar de una mirada de juicio?**

    Esta pregunta es clave, ya que sin esta mirada es totalmente imposible cumplir con ninguna de las otras conductas.

0   1   2   3   4   5   6   7   8   9   10

5. **¿Emito juicios responsables, marcados por la Palabra de Dios, y no por mis propios prejuicios personales?**

    No se trata de lo que nosotros y/o nuestro grupo de pertenencia piensa y acepta, sino de aquello que la Palabra del Señor enseña.

0   1   2   3   4   5   6   7   8   9   10

UN EJEMPLO BÍBLICO

JESÚS

Desde que el pueblo de Israel volvió de la cautividad de Babilonia se fue convirtiendo en una comunidad cada vez más encerrada en sí misma y más excluyente hacia el gentil, hacia aquel que no pertenecía a Israel. Esta actitud fue creciendo y desarrollándose con el paso del tiempo, y ya en la época de Jesús el pueblo judío despreciaba abiertamente a todos los gentiles.

A pesar de ser un pueblo sometido al poder del Imperio Romano, los judíos despreciaban también a los invasores y evitaban relacionarse con ellos. Es más, el contacto con los gentiles, aunque fuera meramente de tipo social, era desaconsejado. Mucho más el confraternizar con ellos en sus casas. Recordemos las palabras que Pedro le dirige a Cornelio, el centurión romano que lo hiciera venir a su casa para que le hablara del evangelio:

«Y les dijo: Vosotros sabéis cuán abominable es para un varón judío juntarse o acercarse a un extranjero; pero a mí me ha mostrado Dios que a ningún hombre llame común o inmundo». (Hechos 10.28, RVR60)

Pedro tuvo que recibir una revelación especial de parte de Dios para poder vencer su prejuicio cultural hacia aquellos que eran diferentes. El apóstol utiliza una palabra muy fuerte: «abominable». El diccionario la define como algo que degrada profundamente, que es considerado dañino o perjudicial y que, por lo tanto, se debe evitar a todo precio. Esa era la actitud predominante hacia el no judío en la época de Jesús.

También prevalecía esa misma actitud de desprecio hacia los habitantes de Samaria, a quienes aborrecían. Cuando el reino de Israel fue destruido por los asirios, una parte de la población fue llevada al exilio y otra permaneció en la región (2 Reyes 17; Esdras 4). Los asirios repoblaron el país con gente traída de diferentes regiones de su imperio y éstos se fueron mezclando con los locales dando origen a un mestizaje. Los judíos nunca aceptaron a los samaritanos sino que los despreciaban y evitaban todo contacto con ellos.

Samaria estaba ubicada en la parte central del país, entre la región de Judea al sur y la región de Galilea al norte. Cuando un judío debía viajar de una región del país a la otra, salvo que fuera un caso de extrema necesidad, prefería cruzar el río Jordán y viajar por territorio gentil para evitar pasar por Samaria, aunque ello supusiera prolongar considerablemente el viaje.

Pero además, este prejuicio del judío hacia el no judío, que podía ser comprensible en cierta medida, se extendía también hacia otros miembros de la propia comunidad. Jesús, como veremos más adelante, fue acusado de ser amigo de recaudadores de impuestos, de pecadores y de otras personas de mal vivir. Y es que los judíos más religiosos despreciaban a las personas que no practicaban la fe con el mismo nivel de compromiso que ellos, evitando todo tipo de relación social con esa clase de personas. De ahí su sorpresa y reprobación de Jesús, quien no tenía ningún problema en mostrarse abiertamente en público compartiendo tiempo con ellos. Para un judío piadoso y religioso, la actitud de Jesús era, simplemente, escandalosa e intolerable, y así se lo hicieron saber.

En definitiva, aunque ya en el Antiguo Testamento Dios había dado el mandamiento de amar al prójimo como a uno mismo (Levítico 19.18), el pueblo de Israel había ido deformando ese mandamiento según sus propios prejuicios culturales. En principio, «el prójimo» era únicamente el que pertenecía al pueblo de Israel. Más tarde, dentro del pueblo escogido, solo aquel que era piadoso según la perspectiva de los fariseos y doctores de la Ley. Finalmente, el prójimo era aquel que pensaba y veía la vida igual que ellos. No es de extrañar la pregunta que el doctor de la Ley le hizo a Jesús:

«¿Y quién es mi prójimo?» (Lucas 10.29)

Muy bien, ahora que ya entendemos cual era el entorno cultural en la época del Maestro, podemos ver cómo Él expresó y vivió la tolerancia hacia todos. Jesús siempre fue cuestionado por asociarse con las personas que, a los ojos de la sociedad, eran despreciables. Sus relaciones provocaban escándalo, juicio y condena. Era considerado amigo de pecadores, lo cual, para un maestro de la Ley era totalmente inaceptable. Y sin embargo, Jesús siempre manifestó abiertamente que el propósito de su venida era, precisamente, alcanzar a esa clase de personas:

«En efecto, el Hijo del hombre vino a buscar y a salvar a los que se habían perdido». (Lucas 19.10)

«Más tarde, estando Jesús sentado a la mesa en casa de Mateo, acudieron muchos recaudadores de impuestos y gente de mala reputación, que se sentaron también a la mesa con Jesús y sus discípulos. Los fariseos, al verlo, preguntaron a los discípulos: — ¿Cómo es que vuestro Maestro se sienta a comer con esa clase de gente? Jesús lo oyó y les dijo: — No necesitan médico los que están sanos, sino los que están enfermos. A ver si aprendéis lo que significa aquello de: Yo no quiero que me ofrezcáis sacrificios, sino que seáis compasivos. Yo no he venido a llamar a los buenos, sino a los pecadores». (Mateo 9.10-13, BLPH)

Es cierto: la gente llamaba a Jesús «amigo de pecadores». Sin duda, era una manera negativa de describirlo, era un juicio sobre su persona. Sin embargo, Él lo aceptó y se definió también a sí mismo de esa manera. No buscó justificarse, ni explicarse, ni esconderse. No cambió sus relaciones, ni trató de ser más cauteloso y menos escandaloso. El Maestro era tolerante con las personas sin que eso implicara una aceptación o validación de sus conductas.

La misma actitud de tolerancia que Jesús mostró hacia los pecadores y personas de mal vivir, la demostró también hacia los gentiles, lo no judíos. Lo podemos ver en el episodio del centurión que le rogó que sanara a su ayudante, y que al manifestar su fe en el poder y autoridad de Jesús provocó en el Maestro una exclamación de admiración:

«Jesús, al oír aquel mensaje se asombró, y mirando a la gente que lo seguía dijo:

–Ni siquiera en Israel he encontrado una fe tan grande». (Lucas 7.9)

Palabras similares le dedicó a una mujer sirofenicia, una extranjera que de manera insistente le rogó que sanara a su hija.

Para los judíos la actitud tolerante del Señor hacia los samaritanos era sorprendente. De hecho, a la primera persona a quien Jesús le manifestó abiertamente que él era el Mesías, ¡fue una mujer samaritana! Cuando diez leprosos fueron sanados, el único que regresó para demostrar su agradecimiento fue un samaritano. Y el Señor utilizó a un samaritano para ilustrar una parábola en la cual nos enseñó acerca del amor incondicional hacia aquellos que son distintos a nosotros.

En Lucas 9 se relata un curioso episodio donde se contrasta la intolerancia de los discípulos de Jesús con la actitud tolerante del Maestro:

«Cuando se cumplió el tiempo en que él había de ser recibido arriba, afirmó su rostro para ir a Jerusalén. Y envió mensajeros delante de él, los cuales fueron y entraron en una aldea de los samaritanos para hacerle preparativos. Mas no le recibieron, porque su aspecto era como de ir a Jerusalén. Viendo esto sus discípulos Jacobo y Juan, dijeron: Señor, ¿quieres que mandemos que descienda fuego del cielo, como hizo Elías, y los consuma? Entonces volviéndose él, los reprendió, diciendo: Vosotros no sabéis de qué espíritu sois; porque el Hijo del Hombre no ha venido para perder las almas de los hombres, sino para salvarlas. Y se fueron a otra aldea». (Lucas 9.51-56, RVR60)

Jesús sabía distinguir perfectamente entre la persona y su conducta, y él podía expresar respeto y amor incondicional hacia una persona aunque no estuviera de acuerdo con su forma de vivir y de actuar. Con todo ello, claramente, nos muestra un camino a seguir.

PREGUNTAS PARA PENSAR

1. Piensa en las relaciones interpersonales. ¿Qué puedes aprender de la forma en que Jesús las manejó?

2. ¿Qué persona o grupo de personas te produce un rechazo natural y genera en ti un sentimiento de intolerancia? ¿De qué modo el ejemplo del Señor puede ayudarte a manejar este sentimiento?

3. ¿Cuál es la actitud de Dios hacia el pecado, y cuál hacia el pecador? ¿De qué modo se refleja esta distinción en tu vida?

4. ¿Cómo podemos apreciar a una persona aunque no estemos de acuerdo con sus ideas, sus valores, o su forma de vivir?

5. Si Dios es tolerante con nosotros, ¿de dónde crees que proviene nuestra intolerancia hacia otros?

UN EJEMPLO CONTEMPORÁNEO

THOMAS HELWYS

Helwys en realidad no es contemporáneo, ya que vivió a caballo entre los siglos XVI y XVII. Sin embargo, es un personaje tan singular y adelantado a su tiempo que decidimos que valía la pena usarlo como un referente de tolerancia.

Helwys fue uno de los fundadores de la denominación bautista y, junto con otros de sus contemporáneos pertenecientes a esa familia del cristianismo, un defensor de la tolerancia en una época caracterizada por una absoluta intolerancia religiosa por parte de las confesiones mayoritarias (católicos, anglicanos y presbiterianos).

Helwys fue el principal promotor de la separación entre la iglesia y el estado (algo que siempre ha caracterizado a los bautistas). Esta unión aún persiste en muchos países, y era lo normativo en su época. Juntamente con esa separación, él abogó por la libertad de conciencia de todas las personas, ¡incluidos los ateos! Su argumentación era bien simple: si Dios no obligaba ni forzaba a los seres humanos a creer, ¿por qué el estado u otras personas deberían forzar la conciencia de alguien? No hace falta aclarar que semejante forma de pensar, aparte de ser totalmente avanzada para su tiempo, era sumamente peligrosa. Prueba de ello es que Helwys murió en prisión en el año 1616, a la edad de cuarenta años, como consecuencia de la persecución religiosa desencadenada por el rey inglés Jaime I.

Helwys escribió una apelación al Rey James I argumentando a favor de la libertad de conciencia y le envió una copia de su libro. «El Rey», dijo Helwys, «es un hombre mortal, y no Dios. Por lo tanto, no tiene poder sobre el alma mortal de sus súbditos para hacer leyes y ordenanzas para ellos, y establecer Señores espirituales sobre ellos».

Para terminar, reproducimos dos fragmentos de su defensa de la libertad de conciencia:

> *«Si los reyes son sujetos obedientes y verdaderos, obedeciendo todas las leyes humanas hechas por el Rey, nuestro Señor el Rey no puede exigir más: porque la religión de los hombres hacia Dios está entre Dios y ellos mismos; el Rey no responderá por ello, ni podrá el Rey ser juez entre Dios y el hombre».*

> *«Si nuestro señor el Rey por su juicio perspicaz ve que la Reina María por su espada de la justicia no tenía poder sobre las conciencias de sus súbditos (porque entonces tenía el poder de hacerlos todos papistas, y todo lo que la resistió allí sufrió justamente como hacedores malvados) ni nuestro señor el Rey por esa espada de justicia tiene poder sobre las conciencias de sus súbditos: porque todos los poderes terrenales son uno y lo mismo en sus diversos dominios».*

Ciertamente, a lo largo de la historia, los cristianos hemos dado y continuamos dando muchas muestras de intolerancia hacia todos aquellos que no piensan ni viven como nosotros. Es alentador ver cómo algunos de nuestros hermanos en la fe tuvieron la clarividencia e inspiración para ser tolerantes, y para defender la tolerancia como lo hiciera su Maestro.

APLICACIÓN PRÁCTICA

PROYECTO PERSONAL

El proyecto personal consiste en ayudar a cada joven a que pueda pensar cuáles de las diferentes conductas que muestran que la tolerancia es un valor son reales en su vida cotidiana, y cuáles otras quieren priorizar para incorporarlas o desarrollarlas. Luego de realizar la autoevaluación individual, las siguientes preguntas pueden ayudarles en esa dirección:

1. De todas las conductas que expresan tolerancia, ¿cuál o cuáles desearías incorporar o desarrollar en tu propia vida? (Elije una o dos como máximo, las que te parezcan prioritarias).

2. ¿Qué cosas prácticas crees que pueden ayudarte a desarrollar estas conductas?

3. ¿Cuándo lo vas a hacer?

4. ¿Cómo lo vas a hacer?

5. ¿A quién le vas a contar acerca del compromiso que has tomado para que te ayude a cumplirlo?

PROYECTO DE GRUPO

Trabajar en grupo este valor puede ser muy desafiante para tus jóvenes. ¿De qué modo pueden poner en práctica la tolerancia en el contexto social, cultural, político y económico en el que se encuentran?

Piensa, por ejemplo, el todo lo relacionado con la «ideología de género», un tema tan candente en nuestra sociedad estos días. ¿De qué modo podrían ustedes como grupo hacer una valoración sobre creencias y conductas desde la Palabra de Dios? ¿Cómo podrían evitar que esa valoración los lleve a sentir desprecio por determinadas personas? ¿De qué modo la «nueva tolerancia» los puede afectar a la hora de tener un acercamiento bíblico sobre el tema?

Como siempre, puedes expresar el proyecto de la manera que te parezca más adecuado para trabajar este valor con tus jóvenes. Por ejemplo, organizar entre ustedes un debate acerca de la ideología de género podría ser una posibilidad, pero tal vez se te ocurra una idea que funcione mejor con tu grupo. ¡Tú decides!

LECCIÓN 10 — Servicio

DEFINICIÓN

Si buscamos en diccionario de la lengua de la Real Academia Española encontraremos que define «servicio» como:

Favor que se hace a alguien; acción y efecto de servir.

A simple vista, podemos observar que el servicio es algo que hacemos en beneficio de otros. Es una acción dirigida al prójimo para bendecirlo, ayudarlo, o suplir una carencia o necesidad, ya sea grande o pequeña. La definición también incluye la palabra «favor». El servicio, como valor, es algo que haces intencional y voluntariamente; es una decisión que tomas para beneficiar a otro. Si no fuera tu decisión, si no pudieras elegir, entonces sería una obligación en lugar de un servicio.

Pero, ¿qué es exactamente el servicio desde la perspectiva bíblica? Es el estado, condición o cualidad de quien vive como un siervo. Y un siervo es, ante todo, uno que está sometido a otro. Para los cristianos, esto significa sumisión a Dios primero, y luego sumisión mutua. Es decir, vivimos sometidos los unos a los otros en el contexto de la comunidad. Es por eso, porque vivimos en una sumisión mutua, que buscamos satisfacer las necesidades reales de los demás. Dicho de otra manera, el servicio es la condición o estado de ser un servidor de los demás, de buscar suplir sus necesidades y no únicamente las propias. Significa entregarse voluntariamente para ministrar por y para los demás, y hacer lo que sea necesario para lograr lo mejor para el otro.

Como siempre, en la vida cristiana es tan importante la motivación con la que hacemos algo, como las cosas mismas que llevamos a cabo. Una persona puede servir a otros y ser tremendamente dedicada a satisfacer las necesidades de las demás personas, pero sin embargo su motivación puede ser totalmente errónea, como por ejemplo, la búsqueda y la necesidad de sentir aprobación por parte de los demás. O su servicio puede ser una simple estrategia para buscar influencia, estatus, notoriedad, o cualquier otro tipo de beneficio. Eso no es un servicio genuino. Sería, en el fondo, una transacción, un trueque, un cambio, en el cual una persona suple las necesidades de otro porque espera un retorno a cambio.

Queremos hacer una pausa aquí para hacer una aclaración con respecto a «las necesidades del otro», porque creemos que hay que tener precaución con respecto a este tema. El servicio debe ir orientado a las necesidades auténticas de las personas, no a sus caprichos ni a sus demandas neuróticas. El servicio, como valor, no nos obliga a satisfacer demandas que son ilógicas, irracionales, o arbitrarias. Es preciso, pues, tener discernimiento para diferenciar entre unas y otras, y no permitir que las personas usen la culpabilidad o el chantaje emocional para obligarnos a satisfacer «necesidades» que en realidad sean otra cosa.

Pero volviendo al tema, todos sabemos que hoy en día se valora enormemente el servicio, e incluso se considera que el mejor liderazgo, y el más efectivo, es el liderazgo de servicio. Pero no siempre ha sido así. En la antigua Grecia y Roma había legiones de esclavos que se dedicaban a cubrir las necesidades de los poderosos. Incluso las personas pobres tenían, con frecuencia, esclavos que estaban a su servicio. Recordemos aquí que un esclavo no era considerado un ser humano, sino una cosa, al mismo nivel que una mesa, una silla, un animal, etc. Servir era algo innoble e indigno.

Usualmente hablamos de Grecia como «la cuna de la democracia» y la miramos con admiración. Pero en realidad, los derechos democráticos solo los tenían los considerados «ciudadanos», que eran una minoría. Los extranjeros residentes en la ciudad, aunque fueran libres, no tenían estos derechos. Los atenienses, como muestra el libro de los Hechos, disfrutaban hablando de los temas políticos y filosóficos, y se dedicaban a los asuntos de la ciudad. Pero eso era posible, nuevamente, porque un ejército de esclavos estaba a su servicio, ¡y ellos eran los que verdaderamente trabajaban!

En definitiva, servicio es la acción intencional de ayudar a otros para que sus necesidades puedan ser satisfechas.

ETIMOLOGÍA

La palabra «servir» viene del latín *servire* que, literalmente, significaba «hacer la función de un esclavo». *Servire*, de hecho, deriva de *servus*, esclavo. De aquí provienen también muchos otros términos que usamos en el idioma español, tales como: servicio, servil, servidumbre, siervo, etc.

CONDUCTAS

Un valor, como el servicio, no deja de ser una simple palabra, un concepto teórico, hasta que lo practicamos. Cuando lo incorporamos a nuestra forma de vivir, ese valor se convierte en una virtud, que se expresa por medio de una serie de conductas.

Reflexiona sobre tu propia vida y completa la siguiente autoevaluación. Anota tu respuesta, eligiendo un número entre el 0 («esta conducta no está en absoluto presente en mi vida») y el 10 («esta conducta está totalmente incorporada en mi vida»). El resultado no solamente te dará una idea de cuán desarrollado está ese valor en tu vida, sino que también te dará pautas acerca de cómo puedes comenzar a trabajar para incorporarlo en caso de que sea necesario.

Recuerda que en la web de e625 encontrarás una copia de esta autoevaluación para que puedas imprimir tantas como necesites, y así cada joven de tu grupo pueda completarla de manera individual. Puedes buscarlas en **www.e625.com/lecciones**.

1. **¿Veo el servicio como un privilegio y no como una obligación?**

   Servimos porque al hacerlo nos estamos uniendo al Señor en su deseo de bendecir a la humanidad, y de paliar el dolor y el sufrimiento de las personas. ¡Qué más alto privilegio que trabajar junto al Señor en el cumplimiento de sus propósitos!

   0   1   2   3   4   5   6   7   8   9   10

2. **¿Pienso en las necesidades (físicas, materiales, espirituales, emocionales, intelectuales, sociales, etc.) de aquellos que me rodean, y tomo la iniciativa para intentar cubrirlas?**

   Cuando servimos, imitamos el ejemplo de Aquel que afirmó haber venido, no para ser servido, sino para servir. Jesús tomó la iniciativa, y del mismo modo debemos hacerlo nosotros.

   0   1   2   3   4   5   6   7   8   9   10

3. **¿Evito compararme con otros o sentirme superior por cause de mi servicio?**

   La humildad y el servicio deben ir de la mano. Cuando servimos, no debemos adoptar una actitud de superioridad moral sobre aquellos a los que servimos, o sobre otros que no sirven. ¡Debemos simplemente estar agradecidos de poder cumplir con las expectativas que Dios tiene de nosotros!

0   1   2   3   4   5   6   7   8   9   10

4. **¿Evito la tentación de buscar aprobación o reconocimiento por causa de mi servicio?**

El servicio no es una estrategia para conseguir mayores cuotas de poder y/o influencia, o el aplauso y el reconocimiento de otros. Debemos servir buscando la aprobación del Señor, no de los hombres.

0   1   2   3   4   5   6   7   8   9   10

5. **¿Tengo claro que servir a otros no perjudica en nada mi estatus personal?**

Servir no es lo mismo que ser servil. Cuando sirvo y me pongo al servicio de los demás y sus necesidades, mi estatus, identidad y valor como persona no están en juego ni se resienten. Esto es así porque mi fuente de dignidad, valor e identidad proviene de quién soy en Cristo.

0   1   2   3   4   5   6   7   8   9   10

UN EJEMPLO BÍBLICO

JESÚS

Sin duda, nadie puede ser un mejor ejemplo de servicio que Jesús, y queremos mostrar esto desde tres dimensiones diferentes: su encarnación, sus enseñanzas y su vida.

Comencemos por la encarnación. Para ello necesitamos referirnos al pasaje de las Escrituras que, creemos, lo expresa con el mayor dramatismo e intensidad:

«Haya, pues, en vosotros este sentir que hubo también en Cristo Jesús, el cual, siendo en forma de Dios, no estimó el ser igual a Dios como cosa a que aferrarse, sino que se despojó a sí mismo, tomando forma de siervo, hecho semejante a los hombres; y estando en la condición de hombre, se humilló a sí mismo, haciéndose obediente hasta la muerte, y muerte de cruz». (Filipenses 2.6-8, RVR60)

Imaginemos por un momento que nosotros fuéramos Dios. ¿Cómo sería nuestra entrada en el mundo? ¿Cómo entraban en una ciudad los poderosos del tiempo de Jesús? ¿Cómo continúan haciéndolo ahora?

Jesús podía haber optado por una entrada espectacular, reforzada por todo tipo de fenómenos naturales y despliegues de su poder y autoridad sobre todo el universo. ¡Nada más lejos de la realidad! Pablo destaca que lo hizo de forma humilde y, aquí viene la palabra clave, tomando la condición de *siervo*, es decir, de aquel que sirve. ¡Pudiendo optar por cualquier otro rol, el Señor optó por el de siervo! Jesús dignificó el servicio con su encarnación.

Jesús, además, nos enseñó acerca del servicio. Nosotros, los autores de este libro, vivimos en un reino, el Reino de España. En la antigüedad, el rey era la cabeza de todo el sistema social, acompañado por la nobleza. Las personas adquirían su condición de nobles por servicios que prestaban a la corona, generalmente de tipo militar. Como premio, recibían títulos nobiliarios y así surgían los duques, condes, barones, hidalgos, etc. Eso les otorgaba un lugar privilegiado en la sociedad, por encima del común de los mortales, todos los cuales pasaban a estar automáticamente a su servicio.

Jesús enseñó que en el reino de los cielos también existe una nobleza, pero a ella se accede, no por grandes gestas, sino por el servicio a los demás. A mayor servicio, mayor estatus en el reino de Dios:

> *«Entonces Jesús, llamándolos, dijo: Sabéis que los gobernantes de las naciones se enseñorean de ellas, y los que son grandes ejercen sobre ellas potestad. Mas entre vosotros no será así, sino que el que quiera hacerse grande entre vosotros será vuestro servidor, y el que quiera ser el primero entre vosotros será vuestro siervo».* (Mateo 20.25-27, RVR60)

¡En un reino así, tiene todo el sentido que el mismo Rey afirmara que Él no había venido para que los otros lo sirvieran sino, al contrario, para servir a otros!

> *«...porque el Hijo del hombre no vino para que le sirvan, sino para servir a los demás y entregar su vida en rescate por muchos».* (Marcos 10.45)

Hasta aquí hemos visto que Jesús rompe todos los paradigmas de la época y establece una nueva escala de valores: eleva la condición del siervo y del servicio, lo dignifica, y lo establece como el rasgo que debe identificar a un cristiano. ¡No es posible ser un seguidor de Jesús sin incorporar el servicio como un valor en nuestras vidas!

Observemos ahora la vida de Jesús. Los evangelios nos muestran al Maestro continuamente sirviendo para suplir las necesidades de las personas de su entorno. Cualquier lectura de los evangelios, por muy superficial que sea, nos permitirá verle ayudando a las personas, alimentándolas, sanando sus enfermedades, resucitando a los que habían muerto, y liberando a los que estaban poseídos por demonios. También podremos observarlo ministrando frente a las necesidades emocionales, espirituales, intelectuales y sociales de la gente. En ocasiones, incluso, llegó a sentirse desbordado por la presión de las personas que requerían de su ayuda, y tuvo que alejarse con sus discípulos a lugares desiertos para poder reponer sus fuerzas físicas, emocionales y espirituales.

Notemos que Jesús estaba totalmente despreocupado por su estatus personal. No consideraba indigno ni impropio de su categoría nada de lo que hacía sirviendo a la gente, y tampoco buscaba el aplauso de las personas o su reconocimiento. En muchas ocasiones les pidió a los que habían sido beneficiados por uno de sus milagros que guardaran silencio al respecto. Y cuando la gente quiso hacerlo rey (puedes encontrar este relato en Juan capítulo 6), Jesús se negó rotundamente, consciente de que simplemente se movían por intereses materiales.

Jesús solo buscaba la aprobación de su Padre, no de las personas. Y en esto, como en tantas cosas, el Maestro nos marca una pauta: debemos servir a las personas buscando el aplauso del Padre únicamente.

Para finalizar, te animamos a que repases las conductas que expresan servicio (las que leíste unas líneas más arriba, en la autoevaluación), y a que puedas comprobar de qué modo Jesús ilustra con su vida cada una de ellas.

PREGUNTAS PARA PENSAR

1. ¿Por qué Jesús decidió entrar en el mundo de una forma tan sencilla y humilde?

2. Cuándo piensas en las palabras «servir», «siervo» y «servicio», ¿qué ideas vienen a tu mente? ¿Qué asociaciones haces? ¿Son positivas o negativas? ¿Por qué?

3. En general, ¿buscas servir a otros, o que te sirvan a ti?

4. ¿Qué significa que la grandeza en el reino de los cielos se mide por la intensidad del servicio?

5. ¿Qué significaría en la práctica buscar únicamente el aplauso de Dios como recompensa por nuestro servicio?

6. ¿Por qué servir es tan difícil? ¿Por qué nos cuesta tanto?

UN EJEMPLO CONTEMPORÁNEO

Te sugerimos dos ejemplos contemporáneos que ilustran de maravilla el valor del servicio. Uno es Albert Schweitzer, teólogo, médico, pacifista y músico de origen alemán. Trabajó como misionero en África y fue reconocido en el año 1952 con el Premio Nobel de la Paz.

El otro ejemplo es la Madre Teresa de Calcuta, monja católica nacida en la actual república de Macedonia. Dedicó toda su vida al cuidado de las personas más vulnerables y despreciadas de la India. También fue galardonada en el año 1979 con el Premio Nobel de la Paz.

Motiva y desafía a tus jóvenes a buscar información escrita y audiovisual acerca de estas personas, haciendo énfasis en la forma en que ilustran el valor del servicio y las conductas con él asociadas.

APLICACIÓN PRÁCTICA

PROYECTO PERSONAL

El proyecto personal consiste en ayudar a cada joven a que pueda pensar cuáles de las diferentes conductas que muestran que el servicio es un valor son reales en su vida cotidiana, y cuáles otras quieren priorizar para incorporarlas o desarrollarlas. Luego de realizar la autoevaluación individual, las siguientes preguntas pueden ayudarles en esa dirección:

1. De todas las conductas que expresan servicio, ¿cuál o cuáles desearías incorporar o desarrollar en tu propia vida? (Elije una o dos como máximo, las que te parezcan prioritarias).

2. ¿Qué cosas prácticas crees que pueden ayudarte a desarrollar estas conductas?

3. ¿Cuándo lo vas a hacer?

4. ¿Cómo lo vas a hacer?

5. ¿A quién le vas a contar acerca del compromiso que has tomado para que te ayude a cumplirlo?

PROYECTO DE GRUPO

Este proyecto de grupo puede ser realmente apasionante. Recuerda que el servicio siempre va dirigido al prójimo y tiene como finalidad favorecerlo, bendecirlo, ministrar una necesidad. Como escuela o iglesia, ustedes se encuentran en un entorno único y singular. Te animamos a que, juntamente con tus jóvenes, armen un proyecto de servicio dirigido a su comunidad.

Estas preguntas pueden ayudarte a guiar a los jóvenes en el proceso de diseñar su proyecto:

1. ¿Qué necesidades insatisfechas vemos en nuestra comunidad? (Materiales, espirituales, emocionales, sociales, físicas, etc.).

2. ¿Cuáles de las necesidades que identificamos están a nuestro alcance, en el sentido de que pueden ser para nosotros oportunidades de servir?

3. ¿Qué podríamos hacer?

4. ¿Cómo podríamos hacerlo? ¿Qué pasos prácticos deberíamos dar para hacer de esta idea una realidad?

5. ¿Cuándo vamos a hacerlo?

6. ¿Qué recursos humanos, materiales, o de otro tipo vamos a necesitar?

7. ¿Quién podría ayudarnos?

LECCIÓN 11 Humildad

DEFINICIÓN

El diccionario de la lengua de la Real Academia Española define la palabra «humildad» del siguiente modo:

> *Virtud que consiste en el conocimiento de las propias limitaciones y debilidades, y en obrar de acuerdo con este conocimiento.*

También podríamos afirmar que una persona humilde es aquella que le resta importancia a sus logros (no presume de ellos) y, al mismo tiempo, tiene la capacidad de reconocer sus limitaciones, defectos y fallos.

No debemos confundir la humildad con la baja autoestima. Una persona con baja autoestima es aquella que no se valora adecuadamente a sí misma, ni su propio desempeño. Este tipo de personas viven en constante comparación con otros y/o buscando la aprobación y la validación de personas externas. Se consideran a sí mismas dignas y valiosas solo en la medida en que las personas de su entorno y, especialmente, aquellas que consideran significativas, les proporcionan reconocimiento, valoración y, como hemos dicho anteriormente, validación. Una persona con baja autoestima puede llegar incluso a renunciar a sus derechos a fin de ser aceptada por el entorno, por el grupo. Y esto puede confundirse, en ocasiones, con humildad, pero no lo es. Esta persona está cediendo sus derechos a cambio de aceptación y vinculación. Y esta no es una conducta sana emocionalmente hablando.

Desde un punto de vista bíblico, la persona verdaderamente humilde es aquella cuya dignidad, valor y validación no provienen de otros, sino que provienen del Señor, de su amor y aceptación incondicional, y del hecho de que Él nos ascendió a la categoría de hijos y herederos. Además, esta persona tiene plena conciencia de que ese estatus es inamovible, y que, por tanto, no depende de su desempeño. Nada hizo para ganarlo, y nada puede hacer para perderlo. La persona que entiende esto y lo vive en su vida cotidiana, puede desarrollar el valor y la virtud de la humildad. ¿Por qué? Porque su personalidad está segura en Cristo. Su autoestima proviene de su interior, y no precisa la validación y/o el reconocimiento externo. Es por ello que puede poner a otros en primer lugar.

Una persona así no necesita competir con otros para demostrar su valía. No precisa exhibir sus logros para añadirse valor o dignidad. No se siente insegura ni amenazada cuando otros crecen, ni cuando sus propios defectos y debilidades salen a la luz, porque tiene conciencia de ser una persona en proceso, en construcción, en desarrollo.

La persona humilde es muy consciente de sus fortalezas, dones y talentos. Sin embargo, al mismo tiempo, también es consciente de que todo eso lo ha recibido de Dios y, al ser un regalo, y no algo que consiguió por mérito propio, no hay razón para sentirse orgulloso, ni mucho menos para sentirse superior a los demás. Las palabras del apóstol Pablo en el siguiente versículo lo ilustran con claridad:

> *«Qué los hace más importantes que los demás? ¿Qué tienes que Dios no te haya dado? Y si cuanto tienes te lo ha dado Dios, ¿por qué te las das de grande, como si hubieras logrado algo por esfuerzo propio?». (1 Corintios 4.7)*

Más adelante, en la misma carta, vuelve a afirmar:

> *«...que soy el más pequeño entre los apóstoles y que no merezco el nombre de apóstol, por cuanto perseguí a la Iglesia de Dios. Pero la gracia divina ha hecho de mí esto que soy...». (1 Corintios 15.9-10, BLPH)*

La persona humilde vive en paz consigo misma, consciente de *no haberlo alcanzado ya* (como decía Pablo) *pero siguiendo hacia delante*. No necesita competir ni gastar energías mentales ni emocionales en validarse por comparación con otros, o buscando la aprobación de los demás.

De hecho, en la Biblia se considera la humildad como una gran fortaleza. De Moisés se dice que era el hombre más humilde sobre la tierra y, sin embargo, era un increíble líder político. Y Jesús, nuestro gran modelo, nos dice que aprendamos de su humildad, tal como veremos un poco más adelante.

En definitiva, humildad es la capacidad de poder reconocer las propias debilidades sin frustrarse, y las propias fortalezas sin enorgullecerse, sin la necesidad de competir con otros ni de ser validado por ellos.

ETIMOLOGÍA

En el mundo grecorromano la palabra «humildad» tenía una connotación más bien negativa. El término en latín era *humilitas,* que significaba «bajo, de baja estatura, insignificante» o «bajeza, cortedad de mente». Literalmente tenía el sentido de estar en el suelo, en la tierra. Como podemos observar, no tenía nada de positivo. Sin embargo hoy en día, al menos en la mayoría de los entornos, se considera a la humildad como una virtud. Esto es debido a que el cristianismo la ha dotado de un nuevo sentido, en este caso positivo, tal y como hemos visto más arriba.

CONDUCTAS

Un valor, como la humildad, no deja de ser una simple palabra, un concepto teórico, hasta que lo practicamos. Cuando lo incorporamos a nuestra forma de vivir, ese valor se convierte en una virtud, que se expresa por medio de una serie de conductas.

Reflexiona sobre tu propia vida y completa la siguiente autoevaluación. Anota tu respuesta, eligiendo un número entre el 0 («esta conducta no está en absoluto presente en mi vida») y el 10 («esta conducta está totalmente incorporada en mi vida»). El resultado no solamente te dará una idea de cuán desarrollado está ese valor en tu vida, sino que también te dará pautas acerca de cómo puedes comenzar a trabajar para incorporarlo en caso de que sea necesario.

Recuerda que en la web de e625 encontrarás una copia de esta autoevaluación para que puedas imprimir tantas como necesites, y así cada joven de tu grupo pueda completarla de manera individual. Puedes buscarlas en **www.e625.com/lecciones**.

1. **¿Carezco de arrogancia, es decir, no tengo una actitud de superioridad que abrume a los demás?**

   El arrogante tiene un ego inflado, se considera superior a los demás y, consecuentemente, se atribuye derechos sobre los otros, y los trata con desdén, desprecio y superioridad.

   0   1   2   3   4   5   6   7   8   9   10

2. **¿Tengo la capacidad de someterme a otros sin ser servil?**

   La persona servil se somete, no por convicción, sino por el deseo o la necesidad de ganar la aprobación del otro. La persona humilde, dado que tiene su autoestima sana y bien fundada, no necesita aprobación de nadie y puede cederle el primer lugar a otro sin sentirse afectada.

0   1   2   3   4   5   6   7   8   9   10

3. **¿Tengo la capacidad de perdonar y/o pedir perdón sin sentir que estoy reconociendo una derrota?**

No estamos afirmando que sea fácil, o que no sea necesario un proceso de gestión de las emociones, pero la persona humilde puede manejar su orgullo y dolor a fin de pedir perdón u otorgarlo sin que eso afecte su autoestima o dignidad personal.

0   1   2   3   4   5   6   7   8   9   10

4. **¿Soy libre de la necesidad de competir para sentirme superior a otros?**

Cuando una persona es humilde, su sentido de validez y dignidad no proviene de ser superior a otros, ni de que otros sean inferiores a ella. Por ello, tiene la capacidad de alegrarse tanto de los logros propios como de los de las demás personas.

0   1   2   3   4   5   6   7   8   9   10

5. **Cuando mi autoestima o mi dignidad se ven atacadas o cuestionadas, ¿vuelvo pronto a reenfocarme en mi posición en Cristo, y dejo la reivindicación en las manos del Señor?**

Nuestro valor y dignidad como personas no viene dado por nuestro estatus cultural, económico, social, político, ni de ningún otro tipo, sino por ser portadores de la imagen de Dios y ser amados y aceptados incondicionalmente, habiendo sido adoptados como hijos y ascendidos a la categoría de herederos y coherederos con Cristo.

0   1   2   3   4   5   6   7   8   9   10

6. **¿Tengo claro que todo lo que soy y todo lo que tengo proviene del Señor y que, por lo tanto, no hay ninguna razón para que yo sienta orgullo o superioridad? Cuando alguno de estos sentimientos comienza a aparecer en mi vida, ¿sé gestionarlo con el Señor?**

Absolutamente todo, todo lo que tenemos y lo que somos nos ha sido dado por el Señor. Cuando sintamos la tentación de sentirnos mejores o superiores, recordemos esto y trabajemos sobre nuestros sentimientos con el Señor.

0   1   2   3   4   5   6   7   8   9   10

7. ¿Reconozco mis defectos, debilidades y puntos ciegos? ¿Intento trabajar sobre ellos en lugar de justificarlos? ¿Puedo pedir ayuda sin problema cuando la necesito?

Saber reconocer nuestros errores y defectos es parte del proceso de crecer y desarrollarnos.

0   1   2   3   4   5   6   7   8   9   10

UN EJEMPLO BÍBLICO

JESÚS

Mateo registra en su evangelio unas importantes declaraciones de Jesús. En ellas el Maestro se define, se describe a sí mismo, y lo hace con la intención de que podamos aprender de Él e imitarlo en nuestra forma de vivir. Leemos que Jesús dice:

«Lleven mi yugo y aprendan de mí, que soy manso y de corazón humilde...». *(Mateo 11.29)*

Es interesante entender aquí la idea de «corazón humilde». Para el mundo hebreo, era en el corazón donde radicaba el centro de control de la vida de una persona. Era allí donde se definía y decidía el proyecto vital de cada mujer y de cada hombre. Desde el punto de vista bíblico, el corazón es donde está nuestra voluntad y se toman las decisiones, para bien o para mal. El corazón es tan importante que las Escrituras nos advierten que debemos cuidarlo por sobre todas las cosas:

«Sobre todas las cosas cuida tu corazón, porque de él brota la vida». *(Proverbios 4.23)*

En numerosas ocasiones el Señor Jesús afirmó que el problema del ser humano radicaba en el corazón, en el centro de control, y que las conductas externas (lo visible de una persona) dependían totalmente de su corazón (lo que no es evidente ante los ojos de los demás):

*«Del corazón salen los malos pensamientos, los asesinatos, los adulterios, las for-
nicaciones, los robos, las mentiras y los chismes». (Mateo 15.19)*

Por eso, el pecado siempre es un problema del corazón, aunque se ponga de manifiesto por medio de la forma en que pensamos y vivimos. Precisamente por ser
el pecado un problema de nuestro corazón es que Dios, por medio de sus profetas,
nos dice que Él cambiará nuestro corazón duro (resistente al Padre) por un corazón
tierno (sensible, que responde al Señor).

*«Les daré un solo corazón y un espíritu nuevo; quitaré sus corazones duros como si
fueran de piedra y les daré corazones tiernos llenos de amor hacia Dios». (Ezequiel
11.19)*

En definitiva, somos lo que anida en nuestro corazón:

*«Porque cual es su pensamiento en su corazón, tal es él [el ser humano]..». (Pro-
verbios 23.7, RVR60)*

Como puedes ver, cuando entendemos la importancia del corazón cobra sentido la
afirmación de Jesús acerca de que era «de corazón humilde». La humildad no era
para Él un fingimiento, una postura, una estrategia para relacionarse con la gente.
Todos nosotros, dada la ocasión, la oportunidad o la necesidad, podemos fingir ser
humildes. Podemos pretender ser aquello que no somos porque queremos ganar algo
o evitar la pérdida de algo. Sin embargo esta es solo una fachada, una actitud externa que no responde a una motivación correcta.

Jesús, por el contrario, era humilde de corazón. Este era su carácter, su naturaleza,
su forma de ser. Consecuentemente, sus conductas reflejaban lo que había en su
corazón. Él sabía muy bien quién era, y cuál era su relación especial, única, singular
y significativa con el Padre, pero no necesitaba hacer ostentación de ello frente a
las personas. Él conocía muy bien su poder, pero no lo usaba ni en beneficio propio
ni para ganar popularidad entre la gente.

En el evangelio de Juan, capítulo seis, se narra el episodio de la alimentación de varios miles de personas. Estas, impresionadas por el milagro, pensaron en lo fabuloso
que podría ser tener a Jesús como rey. Él les garantizaría la comida diaria y eso, en
una época en que las personas vivían realmente día a día, sonaba como algo verdaderamente maravilloso. Sin embargo, el Maestro abiertamente rechazó la oferta.

Jesús siempre demostró humidad, pero queremos mencionar dos episodios importantes en su trayectoria que la ilustran con una gran fuerza y dramatismo. El primero de ellos en su encarnación. Ya leímos en la lección anterior cómo Pablo, escribiendo a los filipenses, explicaba el proceso por el cual Jesús renunció a usar sus prerrogativas como Dios y tomó la forma de un simple ser humano.

Dios decidió entrar en la historia humana, pero fíjate en la forma en que lo hace. Nace en un país ocupado por una potencia extranjera, en unas condiciones de extrema insalubridad, en medio de animales, en una pequeña aldea de una tierra insignificante. Los sabios de oriente, con buen criterio, cuando lo buscan para adorarle van a los palacios y a los templos, ¿Dónde, si no, podría hallarse un rey? Sin embargo, no lo pueden encontrar allí...

Jesús nace como hijo de dos padres adolescentes totalmente anónimos y carentes de cualquier estatus económico o social. Tiene que experimentar el exilio y convertirse en un refugiado en un país extranjero para salvar su vida, y luego durante treinta años vive en el más completo anonimato, sujeto a sus padres y trabajando como carpintero en su pequeña aldea rural. Considerando que estamos hablando del Rey de Reyes, ¡¿si eso no es humildad, qué es entonces?!

El otro episodio de la vida del Maestro que queremos recordar es el lavamiento de los pies de sus discípulos que aparece narrado por Juan en el capítulo 13 de su evangelio. (Recomendamos que leas el pasaje con tus jóvenes.)

Aquí Jesús toma la decisión de hacer algo indigno, reservado a las personas de menor categoría. Normalmente en una fiesta, cuando llegaban los invitados, se les lavaban los pies. Los polvorientos caminos de Palestina hacían que esta fuera tanto una cortesía como una necesidad. Pero, naturalmente, nadie esperaba que fuera el anfitrión el encargado de llevar a cabo tan desagradable tarea. Habitualmente esto lo hacía un esclavo o un sirviente de la más baja condición. Algo similar pasaba con los rabinos de Israel. Se esperaba, y era lo habitual, que sus discípulos se encargaran de todas las necesidades de su maestro, incluido el lavarle los pies previamente a una comida. Esta era una tarea tan servil y humillante que podemos entender la reacción de Pedro al negarse a ser lavado por Jesús, afirmando que ese debería ser su trabajo.

Pero si nos ponemos en contexto todavía resalta más la actitud del Maestro. Todos se habían reunido para una cena muy especial: la celebración de la Pascua. Estaban listos para comenzar, pero parece ser que todos habían olvidado, o bien ninguno de ellos había tomado la iniciativa, de que, como marcaba la costumbre, debían lavarse antes de proceder a cenar.

Ya previamente habían estado discutiendo entre ellos sobre quién debería ser el mayor y el más importante, por lo tanto, tiene todo el sentido que ninguno de ellos tomara la iniciativa para hacer un trabajo servil y denigrante como era el lavarles los pies a los demás. Jesús toma la iniciativa de hacerlo, y es entonces cuando se produce la reacción de Pedro que mencionamos antes. Sin embargo con este acto de servicio, reservado a lo más bajo de la sociedad, Jesús estaba mostrando su humildad y estaba dándonos, a la vez, el ejemplo de cómo debemos proceder nosotros.

PREGUNTAS PARA PENSAR

1. ¿De qué maneras demostró Jesús humildad? ¿Qué otros pasajes de las Escrituras, aparte de los ya mencionados, muestran ese valor en la vida de Jesús?

2. Piensa en los dirigentes de tu país, e incluso de tu iglesia, ¿Qué contraste ves entre la forma en que ellos actúan y la forma en que actuaba Jesús?

3. Señala algunas de las maneras en que los líderes que conoces muestran humildad en sus vidas.

4. Sabemos que los discípulos conocían la costumbre de lavar los pies antes de participar en una cena ¿Por qué crees que ninguno de ellos tomó la iniciativa de hacerlo?

5. ¿Qué crees que movió a Jesús a llevar a cabo Él mismo el lavamiento de los pies?

6. ¿A qué se refería Jesús cuando les dijo que les había dado ejemplo?

UN EJEMPLO CONTEMPORÁNEO

PEPE MUJICA

Queremos proponer como ejemplo contemporáneo de humildad al expresidente de Uruguay Pepe Mujica. Somos conscientes de que puede ser considerado una persona polémica. Bajo su mandato se legalizó el aborto y se hizo legal la venta de marihuana en su país. También tuvo un pasado turbio como guerrillero (al igual que Nelson Mandela en Sudáfrica). Sin embargo, no tenemos que refrendar todo lo que un mandatario ha hecho para saber reconocer los aspectos positivos que su persona pueda tener, y aprender de ellos.

Uki Goñi es un músico, periodista y escritor argentino que en cierta ocasión entrevistó a Pepe Mujica. Lo que reproducimos a continuación son algunos de los fragmentos del artículo que escribió luego de esa entrevista:

Olvídese de los honoríficos como «su excelencia» o «Sr. presidente» o incluso «Señor». Los uruguayos llaman a su presidente saliente simplemente «Pepe».

José «Pepe» Mujica está dejando su cargo después de cinco años como quizás uno de los presidentes más humildes del mundo.

«Este hombre es un gurú», dice el periodista Uki Goñi, «es un jefe de estado que se niega a vestirse con pompa y montar en una limusina».

Mujica nunca ocupó el palacio presidencial, y nunca ha viajado en limusinas con chófer. El jefe de estado, de 79 años, continúa viviendo en su propia casa de campo a 20 minutos de la capital uruguaya de Montevideo, y continúa conduciendo su viejo y destartalado Volkswagen Beetle.

El periodista Uki Goñi vio recientemente ese antiguo escarabajo azul [se refiere al automóvil Volkswagen] cuando visitó a Mujica en su casa para hacer un perfil del presidente para el periódico británico The Guardian. Para llevar a cabo la entrevista se sentaron en el jardín del presidente, que es descrito por Goñi como «nada más que un pedazo de tierra con viejas sillas de metal».

«No fue como ningún otro jefe de estado que haya entrevistado. Quiero decir que vive en una choza rural de tres habitaciones, literalmente, con un techo de hierro corrugado», dice Goñi.

La casa se encuentra en un camino de tierra, y Goñi dice que cuando llegó a la entrevista le dijeron que no fotografiara los detalles de seguridad, no por temor a la seguridad del presidente saliente, sino por vergüenza, dada la naturaleza humilde de ese detalle.

«Estaban avergonzados porque la seguridad eran solo dos tipos que estaban parados en un camino de tierra», dice Goñi.

Sin embargo, el presidente no es humilde acerca de sus logros en los últimos cinco años.

«Hemos tenido años positivos para la igualdad. Hace diez años, alrededor del 39 por ciento de los uruguayos vivían por debajo del umbral de pobreza; Hemos reducido eso a menos del 11 por ciento, y hemos reducido la pobreza extrema del 5 por ciento, a solo un 0.5 por ciento», dijo el presidente a Goñi.

Para entender de dónde proviene la humildad de Mujica debemos remontarnos a mucho antes en su vida. Él estuvo encarcelado por 13 años durante la dictadura militar de Uruguay, en los años setenta y ochenta.

«Creo que no es injusto llamarlo el Nelson Mandela de Sudamérica. Él [pasó] 13 años en prisión… [muchos en] un agujero en el suelo en confinamiento solitario. Fue sometido al tratamiento más increíblemente horrible al que un ser humano podía ser sometido», dice Goñi.

Pero Mujica nunca ha buscado un castigo para sus captores o sus torturadores.

«Me dijo: 'Si pasas tu vida tratando de cobrar deudas del pasado que nadie está dispuesto a pagar, perderás tu vida'», agrega Goñi.

Cuando era joven, creía en la violencia. Pero ahora, después de soportar lo que soportó durante esos 13 años que estuvo encarcelado, dice que la vida es demasiado valiosa para sacrificarla con fines políticos.

En este enlace *https://youtu.be/4GX6a2WEA1Q* encontrarás lo que, en nuestra humilde opinión, es un genial monólogo sobre la vida de Pepe Mujica. Aunque por supuesto lo dejamos a tu criterio, de verdad creemos que puede ser muy enriquecedor para tus jóvenes. Míralo y valora por ti mismo si se los quieres mostrar o no. Pero por favor no tengas prejuicios acerca del personaje. Todos los grandes hombres y mujeres de la historia tienen áreas oscuras que debemos evitar, y áreas de luz que podemos imitar. Enséñales también a tus jóvenes para que puedan hacer esta distinción.

APLICACIÓN PRÁCTICA

PROYECTO PERSONAL

El proyecto personal consiste en ayudar a cada joven a que pueda pensar cuáles de las diferentes conductas que muestran que la humildad es un valor son reales en su vida cotidiana, y cuáles otras quieren priorizar para incorporarlas o desarrollarlas. Luego de realizar la autoevaluación individual, las siguientes preguntas pueden ayudarles en esa dirección:

1. De todas las conductas que expresan humildad, ¿cuál o cuáles desearías incorporar o desarrollar en tu propia vida? (Elije una o dos como máximo, las que te parezcan prioritarias).

2. ¿Qué cosas prácticas crees que pueden ayudarte a desarrollar estas conductas?

3. ¿Cuándo lo vas a hacer?

4. ¿Cómo lo vas a hacer?

5. ¿A quién le vas a contar acerca del compromiso que has tomado para que te ayude a cumplirlo?

PROYECTO DE GRUPO

Ustedes son un grupo de jóvenes o una clase en una escuela, y desarrollan su vida en un entorno, en un contexto único y singular. ¿De qué manera pueden, como grupo, vivir la humildad en ese entorno? ¿Qué significa, como grupo, vivir y demostrar humildad en medio del contexto en el que Dios los ha colocado? ¿Qué cosas prácticas podrían hacer o, por el contrario, dejar de hacer? (Recuerda lo que ya hemos comentado acerca de la importancia de involucrar a los jóvenes en el diseño y desarrollo del proyecto).

LECCIÓN 12 · Integridad

DEFINICIÓN

Como ya sucedió con «misericordia» y «compasión», en esta lección trataremos juntamente los valores de honestidad e integridad, ya que son dos conceptos distintos pero tan íntimamente ligados que, en ocasiones, puede resultar difícil diferenciarlos, especialmente cuando estamos trabajando con jóvenes. Por eso hemos decidido, a efectos pedagógicos, unirlos como si se tratara de un solo valor con dos matices o vertientes. Definiremos, a continuación, estos dos términos, y señalaremos las semejanzas y diferencias que existen entre ambos.

El diccionario de la lengua de la Real Academia Española define «integridad» del siguiente modo:

Dicho de una persona: Recta, proba, intachable.

Wikipedia define integridad con las siguientes palabras:

En general, una persona íntegra es alguien en quien se puede confiar. Integridad es retomar el camino de la propia verdad, hacer lo correcto por las razones correctas y del modo correcto.

Otra definición que hemos encontrado indica que «integridad» es:

La calidad de ser honestos, y de tener fuertes principios morales que nos negamos a cambiar.

Como ves, cuando en esta definición se quiere explicar qué es integridad se usa la palabra «honesto», lo que evidencia cuán unidos están ambos conceptos. Lo mismo sucede cuando nos volvemos hacia la ética para entender el concepto de integridad, que es definido del siguiente modo:

Se considera integridad a la honestidad y la veracidad o la precisión de las propias acciones.

Vamos a ver ahora cómo es definida la honestidad. Según el diccionario:

Una persona honesta es aquella que es recta, honrada, decente y justa.

De nuevo los conceptos se confunden. ¿Por qué? Ya vimos anteriormente que la compasión (sentimiento) nos mueve a la misericordia (acción), y que en un seguidor de Jesús las dos cosas siempre han de ir de la mano. Del mismo modo la honestidad (conducta exterior) debe ser el resultado de la integridad (los valores internos), puesto que lo que somos en nuestro interior dicta lo que haremos en el exterior.

En definitiva, la integridad son los valores internos que dan como resultado la honestidad, es decir, nuestras conductas externas caracterizadas por la honradez y la honorabilidad.

ETIMOLOGÍA

la palabra «integridad» proviene del latín *integrîtas,* que significaba «totalidad, virginidad, robustez y buen estado físico». Pero este vocablo se deriva a su vez del adjetivo *integer,* que significaba «intacto, entero, no tocado o no alcanzado por un mal». *Integer* se compone de *in* («no») y una raíz que es la misma que la del verbo *tangere,* «tocar» o «alcanzar». Se trata de la pureza original, sin contacto o contaminación con un mal o un daño, ya sea físico o moral.

El término «honestidad» proviene del latín *honestias,* que significaba «dignidad, honor, una suerte de estima o consideración (no en el sentido de pesar o lástima, sino de excelencia y rectitud como persona) que un individuo tiene».

CONDUCTAS

Un valor, como la integridad o la honestidad, no deja de ser una simple palabra, un concepto teórico, hasta que lo practicamos. Cuando lo incorporamos a nuestra forma de vivir, ese valor se convierte en una virtud, que se expresa por medio de una serie de conductas.

Reflexiona sobre tu propia vida y completa la siguiente autoevaluación. Anota tu respuesta, eligiendo un número entre el 0 («esta conducta no está en absoluto presente en mi vida») y el 10 («esta conducta está totalmente incorporada en mi vida»). El resultado no solamente te dará una idea de cuán desarrollado está ese valor en tu vida, sino que también te dará pautas acerca de cómo puedes comenzar a trabajar para incorporarlo en caso de que sea necesario.

Recuerda que en la web de e625 encontrarás una copia de esta autoevaluación para que puedas imprimir tantas como necesites, y así cada joven de tu grupo pueda completarla de manera individual. Puedes buscarlas en **www.e625.com/lecciones**.

1. **¿Digo siempre la verdad y, por lo tanto, soy una persona en la que se puede confiar?**

   La mejor definición que conocemos de confianza es «la medida en que nos sentimos seguros con otros». Todas las relaciones, seamos conscientes de ello o no, están siempre basadas en la confianza. Cuando vamos al doctor para un diagnóstico, a la entidad bancaria para una consulta, o al mecánico para arreglar el automóvil, o al abogado para que nos aconseje legalmente, en todos los casos esperamos y asumimos que podemos confiar en esos profesionales, que nos dirán la verdad, y que podemos estar seguros que no nos están mintiendo en beneficio propio o de la institución para la que trabajan.

   0   1   2   3   4   5   6   7   8   9   10

2. **¿Cumplo con mis compromisos?**

   Una persona íntegra y honesta cumple con la palabra dada, con el compromiso tomado, tal y como enseña Jesús que debemos hacer:

   «Cuando ustedes digan 'sí', que sea realmente sí; y, cuando digan 'no', que sea no. Cualquier cosa de más, proviene del maligno». (Mateo 5.37, NVI)

   0   1   2   3   4   5   6   7   8   9   10

3. **Mis conductas externas, ¿responden a las motivaciones internas correctas?**

   No se trata únicamente de lo que hacemos, sino también de la motivación que hay detrás. Podemos hacer las cosas correctas con una motivación totalmente incorrecta que, lamentablemente, a los ojos de Dios echa por tierra el valor de nuestras acciones. En la persona íntegra y honesta ambas cosas van de la mano y, por tanto, uno puede estar tranquilo de que detrás de cada conducta está la motivación adecuada.

   0   1   2   3   4   5   6   7   8   9   10

4. **¿No engaño, abuso, ni saco ventaja de otros, porque tengo claro que mi audiencia principal es Dios?**

El amor al prójimo y la aprobación por parte del Señor de sus motivaciones y conductas, todo esto evita que la persona íntegra y honesta abuse de otros, que los utilice de forma instrumental para sus propios fines, o que saque ventaja de ellos.

0   1   2   3   4   5   6   7   8   9   10

5. **¿Me mantengo fiel a mis valores incluso cuando esto va en detrimento mío?**

Los valores son una brújula moral. Son nuestros «no negociables», y forman parte de nuestro ADN moral y espiritual. Consecuentemente, es imposible negociar con ellos, y es imposible renunciar a ellos. La persona íntegra y honesta se mantiene fiel incluso cuando esa fidelidad pueda jugar en contra de sus propios intereses.

0   1   2   3   4   5   6   7   8   9   10

UN EJEMPLO BÍBLICO

DANIEL

Cuando pensamos en alguien para ilustrar la integridad, vino de inmediato a nuestra mente la persona de Daniel. Al leer los primeros seis capítulos del libro que lleva su nombre, no podemos dejar de admirar con qué firmeza él mantuvo su fidelidad a las creencias y principios que regían su vida.

El primer capítulo nos proporciona información acerca de su trasfondo. La caída de Jerusalén a manos de Nabucodonosor significó el final del pequeño reino de Judá y la deportación a Babilonia de la mayoría de su población. Era habitual que al conquistar a un pueblo se llevara a la cautividad a quienes pertenecían a su élite política, social y económica. Era una manera de desmembrar al país conquistado e impedir que volviera a organizarse como nación. En esta ocasión, entre los deportados a Babilonia se encontraban Daniel y otros jóvenes pertenecientes, al igual que él, a la nobleza de Judá.

Desde un comienzo los acontecimientos relatados reflejan la integridad inquebrantable de Daniel. Él era fiel a los valores que regían su corazón, y se propuso firmemente no contaminarse con la comida y la bebida de la corte del rey. Al suponer que esos manjares podían incluir alimentos prohibidos por la Ley, su conciencia no le permitía consumirlos. Esta circunstancia puso también de manifiesto que sus actitudes se caracterizaban por la honestidad, ya que con sabiduría y respeto expuso ante el jefe de la guardia su decisión de no comer de la mesa del rey, sugiriéndole al mismo tiempo una alternativa que le permitiera conservar su integridad.

Los dones de Daniel y su extraordinaria sabiduría le permitieron ocupar un lugar destacado en la corte de los sucesivos monarcas de la dinastía babilónica, y aún mantener su prestigio luego de que Babilonia fuera conquistada por Ciro de Persia. Sin embargo, siempre le dio el crédito a su Dios como fuente de sus dones y su sabiduría. Así lo expresó claramente después de interpretar un sueño del rey Nabucodonosor:

«Daniel respondió:

—Ningún sabio, astrólogo, mago o adivino puede descubrir al rey tales cosas, pero hay un Dios en el cielo capaz de revelar los secretos, y él le ha mostrado a usted, rey Nabucodonosor, lo que va a pasar en el futuro. Este fue su sueño y las visiones que tuvo mientras estaba en su cama: Mientras Su Majestad dormía, soñó los acontecimientos que están por venir. Entonces Dios le mostró en sueños lo que va a suceder. Pero recuerde que no es porque yo sea más sabio que los demás seres humanos que conozco el secreto de su sueño, sino porque Dios quiere que entienda lo que usted cavilaba en su cama». (Daniel 2.27-30)

En ese momento Daniel podía haber tomado ventaja de la ansiedad del rey para ganar influencia sobre él, pero no lo hizo. ¡Qué ejemplo admirable de integridad y honestidad!

Continuando con el relato bíblico, en el capítulo cuatro el rey sueña con un árbol y su interpretación le genera una gran inquietud. Daniel nuevamente le revela el significado del sueño y, una vez más, es el Señor quien recibe el crédito por ello. El capítulo cinco expone una situación similar que aconteció durante el reinado de Belsasar, el sucesor de Nabucodonosor. Tal como en los dos episodios anteriores, la sabiduría de Daniel se pone de manifiesto. Y al igual que en las otras oportunidades, el crédito se lo da al Señor.

Como dijimos antes, una persona honesta e íntegra se caracteriza por mantenerse fiel a sus valores aun cuando ello pueda ir en detrimento de sus intereses personales. Las presiones externas o las posibles consecuencias negativas de permanecer fiel no le hacen variar su forma de vivir y de actuar. El libro de Daniel relata dos situaciones en las cuales se pone en evidencia esta cualidad. En la primera de ellas el protagonista es el mismo Daniel. La segunda la protagonizan tres amigos suyos.

Pongámonos en contexto. Las intrigas palaciegas en esos tiempos estaban a la orden del día. Considerando que las conspiraciones alrededor de los reyes y las luchas por conseguir mayores cuotas de poder eran la norma, a los monarcas les resultaba difícil encontrar personas en quienes pudieran confiar. No era extraño incluso que un rey fuera asesinado por alguno de sus hijos, movido por el afán de ocupar el trono. Cuando los persas conquistaron Babilonia, el nuevo gobernante del imperio, Darío, enterado de la sabiduría de Daniel, y consciente del valor de ese hombre íntegro, decidió ponerlo en un lugar destacado de autoridad sobre todo el reino.

Como era de suponer, esa decisión despertó la envidia de sus enemigos políticos, que trataron de conspirar para quitarlo de esa posición. En Daniel 6.4-5 nos enteramos de qué manera razonaron:

> *«Entonces los otros superintendentes y gobernadores comenzaron a buscar alguna falla en la forma en que Daniel manejaba los asuntos del gobierno para así denunciarlo al rey. Pero no podían encontrar nada digno de crítica en él. Era fiel y honesto, y muy responsable. Llegaron, pues, a la siguiente conclusión: «Nuestra única posibilidad para reprocharle algo tendrá que ver con su religión»».* (Daniel 6.4-5)

Pero Daniel era intachable. Era tal su integridad y la honestidad con que se conducía, que resultaba imposible encontrar argumentos para acusarlo delante del rey. Sus propios enemigos reconocían esas cualidades en Daniel y sabían que nada lograrían intentando desacreditarlo. De modo que pensaron que el único punto vulnerable que podían utilizar para desalojarlo del poder era la fe en su Dios. Esto también nos habla del carácter de Daniel. Sus creencias eran públicas y manifiestas. Nunca las ocultó por temor a que pudieran poner en peligro su carrera política. Los comentarios que hicieron sus enemigos nos muestran que su fe era notoria en la corte persa.

Este episodio, narrado en el capítulo sexto del libro, es bien conocido. Los enemigos de Daniel manipularon al rey para lograr que promulgara un edicto prohibiendo toda práctica religiosa durante un periodo de treinta días. Conforme a las leyes de Persia, ese edicto, una vez firmado, no podía ser derogado, y toda persona que no lo acatara sería castigada con la muerte. El edicto se había gestado a la medida de Daniel, buscando únicamente su destrucción. Pero Daniel no renunciaría a sus valores aunque ello fuera en su propio detrimento y pusiera en peligro su vida. Daniel no se iba a doblegar ante las presiones externas traicionando sus convicciones. No lo iba a hacer porque era una persona íntegra:

> *«Pero aunque Daniel lo supo, se fue a su hogar y se arrodilló como de costumbre en su dormitorio en la planta alta, con sus ventanas abiertas hacia Jerusalén, y oró tres veces al día, tal como siempre lo había hecho, dando gracias a su Dios. Entonces todos estos hombres vinieron a la casa de Daniel y lo encontraron orando e invocando a su Dios. Volvieron en seguida ante el rey y le recordaron su prohibición». (Daniel 6.10-12)*

Daniel hubiera podido continuar orando, como venía haciéndolo, en la intimidad de su cuarto. No necesitaba renunciar a su fe y a su comunión con Dios, lo único que tenía que hacer era ocultarla de la vida pública y mantenerla en la esfera estrictamente privada. Haciendo eso se hubiera librado de ser condenado a muerte y aun hubiera podido continuar sirviendo al rey y manteniendo inalterable su relación con el Señor. Sin embargo, sus enemigos lo conocían muy bien. Sabían que era demasiado íntegro como para someterse a las presiones y negociar con sus valores. No tenían duda de que precisamente por su integridad y honestidad podrían acabar con él. Es cierto que el Señor finalmente lo reivindicó, pero en medio de la crisis Daniel estuvo dispuesto a conservar su integridad hasta las últimas consecuencias.

El capítulo tercero del libro de Daniel describe otra historia interesante, en la que fue puesta a prueba la integridad de tres compañeros de exilio de Daniel: Sadrac, Mesac y Abednego. El episodio del horno de fuego es bien conocido y representa, nuevamente, un desafío a la integridad de las personas. El dilema que tuvieron que enfrentar era dramático: renunciar a su integridad o morir calcinados. La respuesta de aquellos jóvenes fue sorprendente:

> *«Sadrac, Mesac y Abednego respondieron:*
>
> *–No hace falta que nos defendamos ante Su Majestad. Si somos arrojados al horno de fuego ardiente, el Dios a quien servimos puede librarnos del horno y de cualquier otro castigo que Su Majestad nos imponga. Y aunque no lo hiciera, Su Majestad debe entender que nunca honraremos a sus dioses ni rendiremos homenaje a su estatua». (Daniel 3.16-18)*

Ellos tenían fe en que Dios podía salvarlos del horno de fuego; pero también estaban preparados para que eso no sucediera. Dicho de otro modo, estaban dispuestos a mantenerse íntegros y a ser fieles a sus valores, aunque ello implicara pagar un altísimo precio. Así es como actúan las personas íntegras.

PREGUNTAS PARA PENSAR

1. Repasa la lista de conductas que hemos descrito más arriba (en la autoevaluación). ¿Cómo puedes verlas reflejadas en la vida de Daniel?

2. Piensa en la situación de la ley prohibiendo durante treinta días cualquier tipo de expresión religiosa. ¿Por qué Daniel tuvo que hacerlo en público? ¿Qué problema hubiera habido con hacerlo de forma privada durante aquellos treinta días? ¿Hubiera afectado de alguna manera su relación con Dios?

3. ¿Qué situaciones vives en tu entorno que te suponen una presión para vivir tu honestidad e integridad?

4. ¿Qué dirían acerca de tu honestidad e integridad las personas que te conocen bien? ¿Cómo te calificarían del 0 al 10?

UN EJEMPLO CONTEMPORÁNEO

EL GENERAL SAN MARTÍN

No es fácil encontrar ejemplos de personas relevantes que, además de sus logros económicos o políticos, puedan ser destacadas por su honestidad e integridad. El General San Martín nos parece uno de esos pocos. Nuestra propuesta es que tus jóvenes investiguen sobre la figura de este libertador, buscando en la misma esas conductas que hemos descrito y que muestran que la integridad y la honestidad eran virtudes en su vida.

Los recursos disponibles sobre la figura de este prócer son muy numerosos. Los que encontrarás a continuación son simplemente unos breves artículos que pueden ser el punto de partida para animar la investigación.

http://www.elheraldo.com.ar/noticias/166163_valores-de-san-martn.html

https://www.abc.es/historia/abci-mito-jose-san-martin-soldado-andaluz-apunalo-imperio-espanol-america-201612230350_noticia.html

APLICACIÓN PRÁCTICA

PROYECTO PERSONAL

El proyecto personal consiste en ayudar a cada joven a que pueda pensar cuáles de las diferentes conductas que muestran integridad y honestidad son reales en su vida cotidiana, y cuáles otras quieren priorizar para incorporarlas o desarrollarlas. Luego de realizar la autoevaluación individual, las siguientes preguntas pueden ayudarles en esa dirección:

1. De todas las conductas que expresan integridad y honestidad, ¿cuál o cuáles desearías incorporar o desarrollar en tu propia vida? (Elije una o dos como máximo, las que te parezcan prioritarias).

2. ¿Qué cosas prácticas crees que pueden ayudarte a desarrollar estas conductas?

3. ¿Cuándo lo vas a hacer?

4. ¿Cómo lo vas a hacer?

5. ¿A quién le vas a contar acerca del compromiso que has tomado para que te ayude a cumplirlo?

PROYECTO DE GRUPO

La honestidad y la integridad son difíciles de encontrar en nuestro mundo en estos días. Nuestra propuesta de trabajo consiste en pedirles a tus jóvenes que, por grupos, realicen una investigación buscando en la esfera pública de tu país o del mundo personas que, con sus vidas, evidencien honestidad e integridad o, por el contrario, falta de ambas. Esto les permitirá ver mejor cómo lucen estos valores cuando se ponen en práctica, y qué efectos provocan en el ambiente que rodea a la persona.

BIBLIOGRAFÍA

- Blanchard, Ken. *Un líder como Jesús*. Thomas Nelson, 2006.

- Bridges, Jerry. *Gracia transformadora*. Publicaciones Faro de Gracia, 2018.

- Brown, Brené. *Dare to Lead*. Penguin Randon House, 2018.

- Douglas, J. *Nuevo diccionario Bíblico*. Sociedades Bíblicas Unidas, 2000.

- Keller, Tim. *Justicia generosa*. Publicaciones Andamio, 2016.

- Keller, Tim. *Ministerios de misericordia*. Poiema Publicaciones, 2017.

- Manning, Brennan. *Todo es gracia*. Peniel, 2016.

- Ortiz, Félix. *Autoliderazgo*. Aragon Books, 2018.

- Storms, Samuel. *To Love Mercy: Becoming a person of compassion, acceptance and forgiveness*. Navpress, 1991.

- Yancey, Philip. *Gracia divina versus condena humana*. Vida, 1998.

MIS NOTAS

MIS NOTAS

MIS NOTAS

MIS NOTAS

MIS NOTAS

MIS NOTAS

MIS NOTAS

MIS NOTAS

ALGUNAS PREGUNTAS QUE DEBES RESPONDER:

¿QUIÉN ESTÁ DETRÁS DE ESTE LIBRO?

Especialidades 625 es un equipo de pastores y siervos de distintos países, distintas denominaciones, distintos tamaños y estilos de iglesia que amamos a Cristo y a las nuevas generaciones.

e625.com

¿DE QUÉ SE TRATA E625.COM?

Nuestra pasión es ayudar a las familias y a las iglesias en Iberoamérica a encontrar buenos materiales y recursos para el discipulado de las nuevas generaciones y por eso nuestra página web sirve a padres, pastores, maestros y líderes en general los 365 días del año a través de **www.e625.com** con recursos gratis.

zona de contenido
PREMIUM

¿QUÉ ES EL SERVICIO PREMIUM?

Además de reflexiones y materiales cortos gratis, tenemos un servicio de lecciones, series, investigaciones, libros online y recursos audiovisuales para facilitar tu tarea. Tu iglesia puede acceder con una suscripción mensual a este servicio por congregación que les permite a todos los líderes de una iglesia local, descargar materiales para compartir en equipo y hacer las copias necesarias que encuentren pertinentes para las distintas actividades de la congregación o sus familias.

¿PUEDO EQUIPARME CON USTEDES?

Sería un privilegio ayudarte y con ese objetivo existen nuestros eventos y nuestras posibilidades de educación formal. Visita **www.e625.com/Eventos** para enterarte de nuestros seminarios y convocatorias e ingresa a **www.institutoE625.com** para conocer los cursos online que ofrece el Instituto E 6.25

¿QUIERES ACTUALIZACIÓN CONTINUA?

Regístrate ya mismo a los updates de **e625.com** según sea tu arena de trabajo: Niños- Preadolescentes- Adolescentes- Jóvenes.

¡APRENDAMOS JUNTOS!

e625.com   /**e625**COM

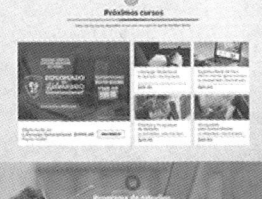

Sé parte de la mayor
COMunidad de
educadores cristianos

Sigue en todas tus redes a
/e625COM

Libros Online

Revista Líder 6.25

Chat en tiempo real

Suscripción de **materiales premium** para iglesias

Tienda con envíos internacionales

Eventos de **actualización** ministerial

Seminarios para iglesias locales

Educación online **www.institutoe625.com**

e625
te ayuda todo el año

www.e625.com te ofrece **recursos gratis**